LANGUAGE PROGRAMMES DEVELOPMENT CENTRE

Hans Wolfgang Wolff

Geschäfts- und Verhandlungssprache Deutsch

Band 5

LANGUAGE PROGRAMMES DEVELOPMENT CENTRE

Hans Wolfgang Wolff

Geschäfts- und Verhandlungssprache Deutsch

Band 5:

Versand über die Grenzen

MAX HUEBER VERLAG

ÜBERSICHT ÜBER „GESCHÄFTS- UND VERHANDLUNGSSPRACHE DEUTSCH"

Handbuch zum Audio-Kurs (Hueber-Nr. 9680)

Lerneinheit 1: **Das Vorstellungsgespräch** (Hueber-Nr. 9681)
Tonband (Hueber-Nr. 2.9681), Cassette (Hueber-Nr. 3.9681)

Lerneinheit 2: **Ein günstiger Einkauf** (Hueber-Nr. 9682)
Tonband (Hueber-Nr. 2.9682), Cassette (Hueber-Nr. 3.9682)

Lerneinheit 3: **Die Dienstreise** (Hueber-Nr. 9683)
Tonband (Hueber-Nr. 2.9683), Cassette (Hueber-Nr. 3.9683)

Lerneinheit 4: **Eine harte Verkaufsverhandlung** (Hueber-Nr. 9684)
Tonband (Hueber-Nr. 2.9684), Cassette (Hueber-Nr. 3.9684)

Lerneinheit 5: **Versand über die Grenzen** (Hueber-Nr. 9685)
Tonband (Hueber-Nr. 2.9685), Cassette (Hueber-Nr. 3.9685)

Lerneinheit 6: **Das neue Produkt** (Hueber-Nr. 9686)
Tonband (Hueber-Nr. 2.9686), Cassette (Hueber-Nr. 3.9686)

Lerneinheit 7: **Ein Fall für den Computer** (Hueber-Nr. 9687)
Tonband (Hueber-Nr. 2.9687), Cassette (Hueber-Nr. 3.9687)

Lerneinheit 8: **Das erfolgreiche Angebot** (Hueber-Nr. 9688)
Tonband (Hueber-Nr. 2.9688), Cassette (Hueber-Nr. 3.9688)

Lerneinheit 9: **Ein Finanzierungsproblem** (Hueber-Nr. 9689)
Tonband (Hueber-Nr. 2.9689), Cassette (Hueber-Nr. 3.9689)

Lerneinheit 10: **Gute Geschäfte im Ausland** (Hueber-Nr. 9690)
Tonband (Hueber-Nr. 2.9690), Cassette (Hueber-Nr. 3.9690)

Glossare zu Lerneinheit 1 bis 10 von I. Thier und H. W. Wolff:
Deutsch—Englisch (Hueber-Nr. 2.9680)
Deutsch—Französisch (Hueber-Nr. 3.9680)
Deutsch—Spanisch (Hueber-Nr. 4.9680)

Verlagsredaktion: Hans-Werner Maier

ISBN 3–19–00.9685–6
1. Auflage 1975
© 1975 Max Hueber Verlag München
Schreibsatz: Brigitte Schneider, München
Druck: G. J. Manz AG, Dillingen
Printed in Germany

Vorwort

Das vorliegende Programm gehört zu der Serie „GESCHÄFTS- UND VER-
HANDLUNGSSPRACHE DEUTSCH", die ihrerseits einen Bestandteil der
LPDC-Reihe *„Sprachen in Wirtschaft und Technik"* bildet. Die Serie wendet
sich besonders an Lernende mit guten Grundkenntnissen, die ihre Hörverste-
hens- und Sprechfähigkeit in praxisnahem Industrie- und Wirtschaftsdeutsch
vervollkommnen wollen.

Ausgangspunkt sämtlicher Programme sind Tonbandaufnahmen realistischer
Dialoge.

Die Serie „GESCHÄFTS- UND VERHANDLUNGSSPRACHE DEUTSCH"
führt zum aktiven Gebrauch des Deutschen im Geschäftsleben. Im Maße des
Fortschreitens in der Serie wird das Hörverständnis der Lernenden so weit ge-
schult, daß sie Fachdiskussionen gut folgen und über deren wichtige Punkte
Auskunft geben können. Der Erreichung dieses Ziels dienen die zahlreichen, an
Geschäfts- und Wirtschaftsthemen orientierten Dialoge und die Audio-Testein-
heiten.

Mit dem gleichen Nachdruck wird die Sprechfähigkeit gefördert. Die Arbeit mit
diesem Kurs versetzt die Lernenden in die Lage, Fachgespräche zu führen und
sich in allen wichtigen Situationen einer Fachdiskussion zu behaupten. Dieses
Ziel wird erreicht durch ständiges und vielfach variiertes Üben im dialogischen
Sprechen und Anwenden stereotyper Satzmuster, wobei für die Übungen ausschließlich Wortschatz und Strukturen Verwendung finden, die in den Dialogen
vorgegeben sind.

Dialoge und Übungen der Serie sind sprachliche Aktion und Reaktion, die in
Frage und Antwort, Aussage und Stellungnahme, Behauptung und Widerspruch
zum Ausdruck kommen.

Zwar haben Hören und Sprechen klaren Vorrang, doch werden in jeder Lerneinheit auch die Fähigkeiten des Lesens und Schreibens gefördert.

„GESCHÄFTS- UND VERHANDLUNGSSPRACHE DEUTSCH" bietet den
Lernstoff in wohlabgewogenen, abwechslungsreichen Lernschritten, die sich etwa zu gleichen Teilen auf das Buch und das Tonband als Medien verteilen.

Der gesamte Audio-Kurs besteht aus zehn Lerneinheiten. Im Klassenunterricht
bietet er bei zwei Übungsstunden pro Woche (und täglich etwa 15 Minuten
„Training") Stoff für etwa ein Unterrichtsjahr. Der Kurs ist hervorragend geeig-
net für den Klassenunterricht im Sprachlabor und in Klassen, die über wenigstens

ein Tonbandgerät verfügen. Andererseits machen die präzisen Lernanweisungen, die ein- und zweisprachigen Glossare sowie das umfangreiche Tonbandmaterial diese Serie zu einem Unterrichtswerk, das auch lehrerunabhängig mit Hilfe eines Cassetten-Recorders durchgearbeitet werden kann. Der wirtschaftsorientierte Selbstlerner wird es begrüßen, daß dieses Sprachlehrwerk gleichzeitig zahlreiche Sachinformationen aus dem Wirtschafts- und Berufsleben enthält.

Die Entwicklung dieser Programme wäre ohne den Rat und die Hilfe zahlreicher in Industrie und Wirtschaft tätiger Fachleute nicht möglich gewesen.

Der Verfasser dankt insbesondere:
den Herren W. Abt, K. Arras, A. Eisenhardt, G. Frietzsche, Dr. O. Garkisch, G. Homburg, G. Juhnke, H. Koch, W. Kohaut, Dr. H. Linde, W. Mann, E. D. Menges, K. A. Raspe, P. R. Rutka, F. J. Schmid, H. Sobottka, H. Walther, R. Weinrich, E. Winecker, A. Wugk für ihre Mitarbeit bei der Aufnahme authentischer Dialoge und die Klärung von Sachfragen;
seiner Frau Rita Wolff für unermüdliche Mitarbeit.

Hans W. Wolff

Inhaltsverzeichnis

Der schwarze Punkt (●) bedeutet: hier muß der Lernende den Tonträger (Band, Cassette) einsetzen!

Einleitung

Grundlage und Ausgangspunkt des Programms „VERSAND ÜBER DIE
GRENZEN" sind Situationsdialoge, in denen der Leiter der Versandabteilung
Ausland der Firma Euro-Engineering und seine Mitarbeiterin zu Wort kommen.
Der sachliche Inhalt des Programms läßt sich in folgenden Stichworten kurz
kennzeichnen:

Versand in die Türkei — Sind die Akkreditive in Ordnung? — Zahlung gegen
Lagerschein — Reklamation beim Kunden — Die Warenverkehrsbescheinigung
— Der Kunde kommt in den Genuß der Zollpräferenzen — Die Vorlieferantenerklärung — Wie sieht es mit der Anzahlung aus? — Die Bedingungen für das
Inkrafttreten des Vertrags sind erfüllt — Lieferung frei Baustelle bzw. fob Nordseehafen — Lademaßüberschreitungen — Transport per Bahn und auf dem See-
weg — Der Kunde hat ein Anschlußgleis — Bemühungen um günstige Seefracht
— Umladen und Entladen — Die teure seemäßige Verpackung — Nach Izmir ist
ein langer Weg — Zeitverlust durch Energiekrise — Sonderkonditionen für Bahntransport — Versicherung der Lieferfrist

Die Versandabwicklung des Auftrags HELVETIA — Verzollung in Basel — Vor-
planung mit den Spediteuren — Die Schweiz hat Gewichtszoll — Versandanzei-
gen und Kollilisten — Die Tarifnummer — Die vorläufige Verzollung — Bestim-
mungen für den Export von Großanlagen — Die Höhe der Einfuhrabgaben —
Rückvergütung in den meisten Fällen — Sprechen Sie Schwyzerdütsch? — Gu-
ter Kontakt mit den Zollbehörden — Der Speditionsvertrag — Reexpedition an
der Grenze — Packlisten und Handelsrechnungen — Die Beglaubigung beim Zollamt in Frankfurt — Die Ausfuhrerklärung und sonstiger Papierkrieg — Angaben
für das Statistische Bundesamt — Mit Straßentieflader nach Würzburg — Der
Rhein hat Tiefwasser

Die Verschiffung nach Ecuador — Eine knappe Kalkulation — Keinen Bananendampfer für die Kieslieferung — Der höchste Rabatt — Loses Schüttgut wird in
Guayaquil nicht gelöscht — Jutesäcke oder Plastiksäcke? — Verladung auf Paletten — Kompakte Ladung ohne Stauverlust — Ein Zwischenfall beim Laden
— Die Ratenfindung bei der Konferenz — Reine Konnossemente — Der Kunde
macht einen Vorbehalt — Vorsicht Zinsverlust! — Der Revers — Die teure An-
Deck-Versicherung — Man lernt nie aus.

Wegweiser durch das Programm

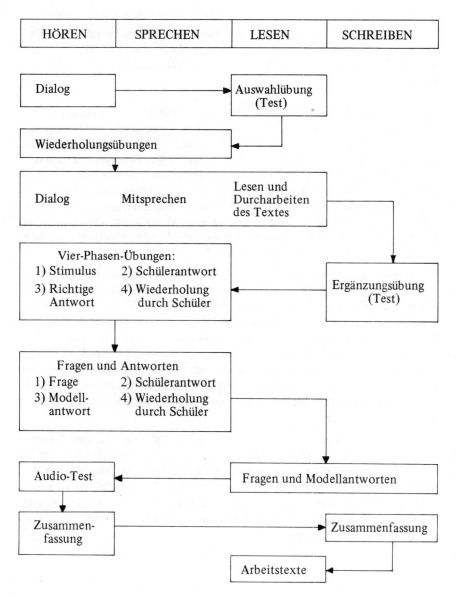

| HÖREN | SPRECHEN | LESEN | SCHREIBEN |

Dialog → **Auswahlübung (Test)**

Wiederholungsübungen

Dialog · **Mitsprechen** · **Lesen und Durcharbeiten des Textes**

Vier-Phasen-Übungen:
1) Stimulus 2) Schülerantwort
3) Richtige Antwort 4) Wiederholung durch Schüler

Ergänzungsübung (Test)

Fragen und Antworten
1) Frage 2) Schülerantwort
3) Modell-antwort 4) Wiederholung durch Schüler

Audio-Test ← **Fragen und Modellantworten**

Zusammen-fassung → **Zusammenfassung**

Arbeitstexte

10

1 A Dialog (Tonband)

HÖREN Sie sich den Dialog mehrmals an.
Mehrmaliges Anhören steigert den Lernerfolg.
Das Ende des Dialogs Teil 1 wird durch einen Gongschlag gekennzeichnet.
Machen Sie unmittelbar im Anschluß daran die Auswahlübung 1 B und die Wiederholungsübung 1 D.
Lesen Sie den Dialogtext jetzt noch nicht mit, sondern üben Sie Ihr Hörverständnis.

1 B Auswahlübung

LESEN Sie den folgenden Text. Kreuzen Sie diejenige Aussage an, die den im Dialog gegebenen Informationen entspricht. Den Schlüssel zu dieser Übung finden Sie unter 1 C.

1. Der in dem Akkreditiv für die Materiallieferung aus Deutschland weggelassene Passus betrifft
   a) die Wahl des Transportmittels
   b) die Zahlung gegen Warehouse Receipt
   c) die Markierungsvorschriften

2. Nur gegen Vorlage eines der folgenden Dokumente konnte Fräulein Albrecht die Anzahlung aus beiden Akkreditiven ziehen. Es handelt sich dabei um
   a) ein Receipt
   b) eine Warenverkehrsbescheinigung
   c) eine Vorlieferantenerklärung

3. Die Lieferung des in der Türkei hergestellten Teils der Anlage erfolgt
   a) frei Grenze
   b) frei Baustelle
   c) fob Hafen Izmir

4. Wenn die Spediteure einen regelmäßigen Sammel- und Liniendienst für die Türkei unterhalten, bekommt Euro-Engineering
   a) die Genehmigung für Lademaßüberschreitungen
   b) Zollpräferenzen
   c) Sonderkonditionen

1 C Schlüssel zur Auswahlübung

1. b)   2. a)   3. b)   4. c)

12

1 D Wiederholungsübung (Tonband)

1. Hören Sie sich den Kurzdialog an.
2. Spulen Sie das Band zurück und wiederholen Sie, was der erste Dialogpartner sagt.
3. Spulen Sie das Band zurück und wiederholen Sie, was der zweite Dialogpartner sagt.

Auf dem Tonband folgt diese Übung dem Dialog 1 A. Schauen Sie bei dieser Übung nicht in Ihr Buch. Imitieren Sie die Aussprache und Intonation der Sprecher(in). Wiederholen Sie diese Übung mehrmals und versuchen Sie dann allein oder zu zweit, diesen Kurzdialog ohne Tonband zu spielen. Schreiben Sie sich als Gedächtnisstütze einige Stichworte auf.

1 E Wiederholungsübung

LESEN Sie diesen Text erst nach der Arbeit mit dem Tonband.

A: Ist das Akkreditiv in Ordnung?

B: Sie meinen die beiden Akkreditive . . .

A: Richtig, wir haben ja zwei, das eine für die Lieferung von Standardteilen aus der Türkei . . .

B: . . . und das andere für die Lieferung von Spezialteilen aus Deutschland.

A: Haben Sie diese Akkreditive geprüft?

B: Ja, das habe ich. In dem einen fehlt ein Passus.

A: So? Welcher denn?

B: Der Passus mit der Zahlung gegen Lagerschein.

A: Oh, das muß geklärt werden!

B: Ist das so wichtig für uns?

A: Ja, Sie wissen doch: wenn wir ohne unser Verschulden im deutschen Hafen nicht verladen können . . .

B: Natürlich! Dann müssen wir das Geld aus dem Akkreditiv gegen Vorlage des Lagerscheins kassieren können.

A: So ist es. Sie müssen also sofort reklamieren.

B: Bei der Bank?

A: Nein, nicht bei der Bank! Beim Kunden müssen Sie reklamieren.

B: Aha. Der Kunde muß dann seine Bank anweisen, diesen Passus in das Akkreditiv aufzunehmen.

A: Ja, sicher. So steht es im Vertrag.

1 F Dialog (Tonband und Buch)

HÖREN Sie sich den Dialog 1 A nochmals an. LESEN Sie gleichzeitig den folgenden Dialogtext *stumm* mit. Arbeiten Sie anschließend den Text durch. Dabei hilft Ihnen das einsprachige Glossar im Anschluß an den Dialogtext, auf das die Zahlen vor den zu erklärenden Ausdrücken verweisen. HÖREN Sie sich schließlich den Dialog nochmals an und versuchen Sie, ihn gleichzeitig zu SPRECHEN.

Einführung

Herr Ruppert ist Leiter der (1) *Versandabteilung* Ausland der Firma Euro-Engineering. Fräulein Albrecht ist eine neue Mitarbeiterin, (2) *die* in ihrer vorigen Stellung *Erfahrungen* im Inlandversand *erworben hat*. Was den Versand ins Ausland und die spezifischen Versandprobleme von Euro-Engineering betrifft, so muß sie noch manches lernen. Ihre Lehrmeister sind die tägliche Arbeit und natürlich Herr Ruppert, der gerade mit ihr (3) *die versandtechnische Abwicklung* einiger Exportaufträge durchspricht.

Herr Ruppert:	Fräulein Albrecht, (4) *Sie bearbeiten den Auftrag* Erzerum für eine Gasreinigungsanlage. Haben Sie inzwischen mit der Bank gesprochen? Ist (5) *das Akkreditiv* in Ordnung?
Fräulein Albrecht:	Für diesen Auftrag liegen zwei Akkreditive vor, das eine für die Lieferung von Standardeinrichtungen aus der Türkei und das andere für die Lieferung von Spezialteilen aus Deutschland.
Herr Ruppert:	Haben Sie die Akkreditive geprüft? Entsprechen sie den Bedingungen, die wir mit dem Kunden vereinbart haben?
Fräulein Albrecht:	Nicht ganz. In dem Akkreditiv für die Materiallieferungen aus Deutschland ist ein (6) *Passus* weggelassen worden, und zwar betrifft er die Zahlung gegen (7) *Warehouse Receipt*. Ist das sehr wichtig für uns?
Herr Ruppert:	Ja, das muß geklärt werden. Wenn wir ohne unser Verschulden im deutschen Hafen nicht verladen können, dann müssen wir das Recht haben, das Geld aus dem Akkreditiv

15

gegen Vorlage des Warehouse Receipt, das heißt der Empfangsbescheinigung des Lagerhauses, zu kassieren.

Fräulein Albrecht: Aha. Dann *werde ich* sofort (8) *bei der Bank reklamieren...*

Herr Ruppert: Nein, nicht bei der Bank! Beim Kunden müssen Sie reklamieren. Der Kunde (9) *soll seine Bank anweisen,* diesen Passus *in das Akkreditiv aufzunehmen.* So steht es im Vertrag.

Fräulein Albrecht: Gut, ich lasse also die Akkreditivänderung durch den Kunden vornehmen. Übrigens ist in dem Akkreditiv für den türkischen Lieferanteil auch etwas nicht in Ordnung.

Herr Ruppert: So? Was denn?

Fräulein Albrecht: Ich muß (10) *den Passus streichen* lassen, der die (11) *Warenverkehrsbescheinigung* betrifft, da diese sich ja nur auf den türkisch-deutschen Handel bezieht und nicht auf Lieferungen innerhalb der Türkei . . .

Herr Ruppert: . . . während sie in dem Akkreditiv für die Lieferung aus Deutschland erwähnt sein muß, da der türkische Kunde so in den Genuß der (12)(13) *Zollpräferenzen* kommt!

Fräulein Albrecht: Das habe ich jetzt verstanden. Nur noch eine Frage: Muß diese Bescheinigung (14) *vom deutschen Zoll* genehmigt werden?

Herr Ruppert: In diesem Fall nicht. Es handelt sich um eine einfache Erklärung, die ohne Vorlage einer (15) *Vorlieferantenerklärung* vom Zoll abgestempelt wird.

Fräulein Albrecht: Dann werde ich also unseren (16) *Spediteur* daran erinnern, daß er bei der Verladung die Warenverkehrsbescheinigung den Dokumenten beifügt.

Herr Ruppert: Ja, das kann nichts schaden. — Wie sieht es denn mit der (17) *Anzahlung* aus?

Fräulein Albrecht: Ich habe aus beiden Akkreditiven die Anzahlung gegen eine (18a) *Deklaration* und ein (18b) *Receipt* gezogen.

Herr Ruppert: Gut, damit sind also die Bedingungen für das (19) *Inkrafttreten des Vertrags* erfüllt. Wie ist unsere (20) *Preisstellung* für diese Anlage?

Fräulein Albrecht:	Den in der Türkei hergestellten Teil der Anlage liefern wir frei Baustelle, die Maschinen und (21) *Apparate aus deutscher Fertigung* frei deutsche Grenze oder alternativ (22) *fob* deutscher Nordseehafen.
Herr Ruppert:	Was wiegt denn die ganze Ausrüstung?
Fräulein Albrecht:	Etwa siebenhundert Tonnen.
Herr Ruppert:	Das ist keine Kleinigkeit.
Fräulein Albrecht:	Ja, und einige Teile haben Übermaße.
Herr Ruppert:	Da müssen Sie rechtzeitig mit dem Spediteur Verbindung aufnehmen, damit er die Genehmigung für (23) *Lademaßüberschreitungen* einholen kann. Wir können also per Bahn und auf dem Seeweg liefern …
Fräulein Albrecht:	Theoretisch auch (24) *per LKW*, aber das kommt ja bei siebenhundert Tonnen Liefergewicht kaum in Frage.
Herr Ruppert:	Hat der Kunde ein (25) *Anschlußgleis?*
Fräulein Albrecht:	Ja, wir könnten mit Waggons bis zur Baustelle fahren.
Herr Ruppert:	Andererseits ist zu berücksichtigen, daß wir bei einer Ladekapazität von zirka fünfundzwanzig Tonnen pro Waggon mit fast dreißig Waggons für diese Lieferung rechnen müßten. So gesehen wäre eine Verschiffung vielleicht doch die bessere Lösung …
Fräulein Albrecht:	Dann müßte ich natürlich versuchen, eine größere Partie zusammenzustellen, damit wir eine günstige (26) *Seefracht* bekommen.
Herr Ruppert:	Ja, sicher. Am besten rechnen Sie die Sache einmal durch. An sich müßte man bei Versand per Bahn Transportkosten einsparen können. Denken Sie an das mehrmalige Umladen der Waren im Hafen von Hamburg und das Entladen im Hafen von Izmir. Das verursacht Kosten, die uns bei Bahntransport nicht entstehen.
Fräulein Albrecht:	Natürlich, da hätten wir nur eine Beladung und eine Entladung.
Herr Ruppert:	Es käme hinzu, daß wir bei Seetransport auch eine seemäßige Verpackung vorsehen müßten, und die ist wesentlich

	teurer als die bahnmäßige Verpackung. Eine andere Frage ist, ob es der Kunde mit der Lieferung eilig hat . . .
Fräulein Albrecht:	Ja, sogar sehr eilig.
Herr Ruppert:	Dann wird er sich auf jeden Fall für den Bahntransport entscheiden. Bei einer Verschiffung müßten wir die Ware erst nach Hamburg (27) *spedieren,* dazu käme die Zeit für den (28) *Umschlag,* und von Hamburg nach Izmir ist auch ein langer Weg. Wenn die Zeit eine große Rolle spielt, ist der Bahntransport eindeutig besser. Mit der Bahn haben wir das Material in vier Tagen in der Türkei.
Fräulein Albrecht:	Mit dem Schiff würden wir sicher zehn Tage brauchen . . .
Herr Ruppert:	Unter Umständen sogar mehr. Während der letzten Energiekrise sind die Dampfer nur mit (29) *elf Knoten Geschwindigkeit* gefahren, um (30) *Treibstoff* zu sparen!
Fräulein Albrecht:	Dann würde ich vorschlagen, Herr Ruppert, daß ich dem Kunden einen Brief schreibe und ihm an Hand der Gewichte und Maße die Vor- und Nachteile der Verschiffung im Vergleich zum Bahntransport erläutere.
Herr Ruppert:	Ja, und machen Sie ihm detaillierte Vorschläge für den Bahntransport, denn eines haben wir bei unseren Erwägungen noch vergessen: wir bekommen ja Sonderkonditionen von unseren Spediteuren, die einen regelmäßigen (31) *Sammel- und Liniendienst* für die Türkei unterhalten, und diese Sonderkonditionen gehen weit über das hinaus, was uns die (32) *Reedereien* im Rahmen ihrer (33) *Margenpolitik* gewähren.
Fräulein Albrecht:	Soll ich die Lieferfrist versichern lassen?
Herr Ruppert:	Bieten Sie das dem Kunden an. Erwähnen Sie aber auch die Sonderpläne der Bundesbahn, und erklären Sie dem Kunden, daß bei Transport nach Sonderplan der genaue Fahrplan von der Bundesbahn und den Staatsbahnen der Transitländer überwacht wird.
Fräulein Albrecht:	Gut, bis morgen mittag haben Sie den Brief zur Unterschrift.

Herr Ruppert:	Das freut mich. Und vergessen Sie nicht, dem Kunden zu schreiben, daß wir seine Entscheidung zur Wahl des Transportmittels und seine (34) *Markierungsvorschriften* umgehend benötigen, denn erst dann können wir uns um die (35) *Verpackung* kümmern.
Fräulein Albrecht:	Das geht in Ordnung, Herr Ruppert.

(1 Gongschlag)

1 G Glossar

1 die Versandabteilung   die Gruppe von Personen in einer Firma, die für den See-, Land- und Lufttransport von Gütern und die damit verbundenen kaufmännischen Aufgaben zuständig ist

2 Wo haben Sie diese Erfahrungen erworben?   Wo haben Sie diese Erfahrungen gesammelt, gemacht?

3 die versandtechnische Abwicklung der Aufträge   die Bearbeitung der Aufträge im Hinblick auf den Versand

4 Wer bearbeitet diesen Auftrag?   Wer ist für diese Bestellung zuständig, verantwortlich? Wer kümmert sich um diese Bestellung?

5 das Akkreditiv   Die Anweisung des Käufers an eine Zahlstelle, meistens ein Bankinstitut, den Rechnungsbetrag ganz oder teilweise an den Lieferanten gegen Vorlage bestimmter Dokumente, (z. B. Konnossement, Ursprungszeugnis, Transportversicherungspolice usw.) zu zahlen. Der Vorteil des Akkreditivs liegt darin, daß der Käufer die Gewißheit hat, daß der Kaufpreis erst dann ausgezahlt wird, wenn der Verkäufer die Ware vereinbarungsgemäß abgeschickt hat; der Verkäufer hat die Gewißheit, daß ihm der Kaufpreis bei Versand der Ware und Vorlage ordnungsgemäßer Dokumente von der Bank zur Verfügung gestellt wird.

6 der Passus   die Stelle im Text

7 das Warehouse Receipt   Dieser englische Terminus ist besonders im Außenhandel üblich. Auch die deutsche Bezeichnung „Lagerschein" ist gebräuchlich. Es handelt sich dabei um ein vom Lagerhalter ausgestelltes Wertpapier, in dem dieser sich verpflichtet, die von ihm eingelagerten Güter an den im Lagerschein genannten Berechtigten gegen Vorlage des Papiers auszuhändigen.

8 Ich werde bei der Bank reklamieren   Ich werde die Bank veranlassen, die Sache in Ordnung zu bringen.

9 der Kunde soll seine Bank anweisen, das Akkreditiv zu ändern	der Kunde soll seine Bank beauftragen, das Akkreditiv zu ändern
10 diesen Passus streichen wir	diese Stelle lassen wir weg
11 die Warenverkehrsbescheinigung	Im Güterverkehr zwischen den Mitgliedsstaaten (und den assoziierten Ländern) der Europäischen Gemeinschaft (EG) gelten ermäßigte Zollsätze. Durch Vorlage einer Warenverkehrsbescheinigung ist nachzuweisen, daß die betreffenden Waren aus einem dieser Staaten bzw. Länder stammen.
12 der Zoll (die Zölle)	Zölle sind öffentliche Abgaben, die aus finanz- und wirtschaftspolitischen Gründen beim grenzüberschreitenden Warenverkehr vom Staat erhoben werden. Man unterscheidet zwischen spezifischen und Wertzöllen. Spezifische Zölle werden nach Gewicht, Stückzahl oder Maß der Ware erhoben, während bei Wertzöllen der Geldwert (Rechnungspreis) die Berechnungsgrundlage ist.
13 die Präferenzen	die Begünstigungen, besonders im Außenhandel
14 der deutsche Zoll	hier: die deutschen Zollbehörden, die deutschen Zollbeamten
15 die Vorlieferantenerklärung	Erklärung eines Unterlieferanten an einen Hauptlieferanten, worin bestätigt wird, daß die von dem Unterlieferanten gelieferten Waren in der BRD hergestellt wurden.
16 der Spediteur	der Kaufmann, der gewerbsmäßig Güterversendungen für Rechnung des Versenders in eigenem Namen besorgt
17 die Anzahlung	die erste Teilzahlung, die erste Rate
18 a) die Deklaration (declaration), b) das Receipt	Diese englischen bzw. aus dem Englischen abgeleiteten Termini sind im Außenhandel üblich. Die entsprechenden deutschen Ausdrücke heißen a) Erklärung, b) Quittung oder Empfangsbescheinigung

19 das Inkrafttreten des Vertrags | das Datum des Inkrafttretens des Vertrags ist der 1.1.1976 = der Vertrag tritt am 1.1.1976 in Kraft = der Vertrag wird am 1.1.1976 wirksam

20 Wie ist die Preisstellung? | Wie versteht sich der Preis? (z. B. ab Werk, frei Grenze, frei Baustelle, fob)

21 die Apparate aus deutscher Fertigung | die Apparate, die in Deutschland hergestellt werden

22 fob | Auch Fob oder F.O.B., aus dem Englischen „free on board". Wenn der Verkäufer „fob" liefert, trägt er die Kosten für den Transport bis zum Schiff und für die Schiffsverladung.

23 die Lademaßüberschreitung | Das Lademaß oder Ladeprofil gibt die Begrenzung des äußersten Umfangs an, den eine Ladung auf offenem Güterwagen haben darf. Wird dieses Lademaß nicht eingehalten, so spricht man von Lademaßüberschreitung.

24 per LKW | mit Lastkraftwagen

25 das Anschlußgleis | die Schienenverbindung von der Anlage zum öffentlichen Eisenbahnnetz

26 die Seefracht | = die Seefrachtrate = der Preis, der für den Transport der Güter auf dem Seeweg berechnet wird. Die Seefrachtraten richten sich nach der Art des Gutes.

27 spedieren | versenden, transportieren

28 der Umschlag | = die Beförderung von Gütern von Fahrzeug (z. B. Bahn, LKW, Schiff) auf Fahrzeug, von Fahrzeug auf Lager oder umgekehrt, sowie von Fahrzeug auf Land und umgekehrt; aber auch der Umsatz

29 elf Knoten Geschwindigkeit | Knoten = Meßeinheit für Schiffsgeschwindigkeit; 1 Knoten (kn) = 1 Seemeile pro Stunde = 1,852 Kilometer pro Stunde

30 der Treibstoff | gasförmiger, flüssiger oder fester Brennstoff, dessen Verbrennungsenergie weitgehend in mechanische Arbeit umgewandelt werden kann (z. B. Gas, Benzin, Dieselkraftstoff)

31 der Sammel- und Liniendienst	Spediteure sammeln Einzelsendungen zu einer Ladung und organisieren Sammeltransporte. So können dem Kunden günstigere Frachtkonditionen gewährt werden. Von Liniendienst spricht man dann, wenn regelmäßige Verbindungen auf festgelegten Strecken bestehen.
32 die Reederei	Das Schiffahrtsunternehmen; Gesellschaftsform des Seerechts, bei der mehrere Personen sich vertraglich verpflichten, ein gemeinsames Schiff, an dem sie Bruchteilseigentum haben, zu ihrem Erwerb durch Seefahrt zu verwenden.
33 die Margenpolitik	Flexibler Einsatz der sogenannten Margentarife, bei denen sich die Preisgestaltung zwischen einer amtlich festgesetzten Höchst- und Mindestgrenze bewegt. Das Gegenteil ist der Festtarif, der für eine bestimmte Leistung nur einen ganz bestimmten Preis zuläßt.
34 die Markierungsvorschriften	Der Absender hat die Aufgabe, die zur Versendung bestimmten Güter ausreichend zu kennzeichnen. Eine solche Kennzeichnung oder Markierung enthält z. B.: Anschrift des Absenders und Empfängers, Bestimmungsort, Versandort, Buchstaben und Nummern zur Identifizierung usw.
35 die Verpackung	Die Kiste, in der sich eine Sendung befindet, ist eine Verpackung. Güter, die zum Versand kommen, müssen so verpackt werden, daß sichere Beförderung bei üblicher Vorsicht in der Behandlung gewährleistet ist.

1 H Ergänzungsübung

SCHREIBEN Sie die fehlenden Wörter in die Lücken. Den Schlüssel zu dieser
Übung finden Sie unter 1 I.

1. Wenn wir .... unser ... schulden im deutschen Hafen nicht ... laden
   können, dann müssen wir das ..... haben, das Geld ... dem Akkreditiv
   g.... Vorlage der E....... bescheinigung des Lagerhauses zu kassieren.

2. Den in ... Türkei ..... stellten Teil der Anlage liefern wir .... Baustelle,
   die Maschinen ... deutscher Fertigung ... deutscher Nordseehafen.

3. Das mehr...... Um..... der Waren im Hafen von Hamburg und das
   E....... im Hafen von Izmir ..... sacht Kosten, die uns ... Bahntransport nicht ... stehen.

4. Wir bekommen S..... konditionen von unseren ..... teuren, die einen
   regel....... Sammel- und Linien...... für die Türkei ..... halten.

5. Wir werden dem Kunden .. hand der Gewichte und M... die V..-...
   Nachteile der Ver........ im ... gleich zum Bahntransport ..... tern.

6. Wenn die Zeit eine große Rolle ......, ist der Bahntransport ein ......
   besser, ... mit dem Schiff würden wir sicher zehn Tage ...., unter
   .... sogar mehr.

7. Wir .. nötigen .. gehend die Entscheidung des Kunden zur Wahl des Transport....... und seine M......... vorschriften, denn e... dann können wir uns .. die Verpackung k....... .

1. ohne – Verschulden – verladen – Recht – aus – gegen – Empfangsbescheinigung
2. der – hergestellten – frei – aus – fob
3. mehrmalige – Umladen – Entladen – verursacht – bei – entstehen
4. Sonderkonditionen – Spediteuren – regelmäßigen – Liniendienst – unterhalten
5. an – Maße – Vor- und – Verschiffung – Vergleich – erläutern
6. spielt – eindeutig – denn – brauchen – Umständen
7. benötigen – umgehend – Transportmittels – Markierungsvorschriften – erst – um – kümmern

2 A Dialog (Tonband)

HÖREN Sie sich den Dialog mehrmals an.
Das Ende des Dialogs Teil 2 wird durch zwei Gongschläge gekennzeichnet.
Machen Sie wieder unmittelbar im Anschluß daran die Auswahlübung 2 B und
die Wiederholungsübung 2 D.

2 B Auswahlübung

LESEN Sie den folgenden Text. Kreuzen Sie diejenige Aussage an, die den im Dialog gegebenen Informationen entspricht. Den Schlüssel zu dieser Übung finden Sie unter 2 C.

1. Damit nicht jedes einzelne Teil getrennt verzollt werden muß, soll mit dem schweizerischen Zoll
   a) eine Tarifnummer vereinbart werden
   b) der Positionsplan vorgeklärt werden
   c) über den Grenzübergangswert gesprochen werden

2. Vetterlis Tarife sind sehr günstig, denn seine Firma
   a) arbeitet sehr gut mit Herrn Brunner zusammen
   b) kann alle eintreffenden Materialien leicht identifizieren
   c) gehört nicht dem schweizerischen Spediteurverband an

3. Eine der folgenden Leistungen gehört nicht zum Service der Speditionsfirma Vetterli — welche?
   a) Die Zollabfertigung
   b) Die Beglaubigung der Vorlieferantenerklärung
   c) Die Reexpedition in Basel

4. Eine Kopie der Ausfuhrerklärung geht an das Statistische Bundesamt, eine weitere an
   a) die Vertretung in Zürich
   b) die Bundesbank
   c) die Unterlieferanten

2 C Schlüssel zur Auswahlübung

1. a)   2. c)   3. b)   4. b)

2 D Wiederholungsübung (Tonband)

1. Hören Sie sich den Kurzdialog an.
2. Spulen Sie das Band zurück und wiederholen Sie, was der erste Dialogpartner sagt.
3. Spulen Sie das Band zurück und wiederholen Sie, was der zweite Dialogpartner sagt.

Auf dem Tonband folgt diese Übung dem Dialog 2 A. Schauen Sie bei dieser Übung nicht in Ihr Buch. Imitieren Sie die Aussprache und Intonation der Sprecher(in). Wiederholen Sie diese Übung mehrmals und versuchen Sie dann allein oder zu zweit, diesen Kurzdialog ohne Tonband zu spielen. Schreiben Sie sich als Gedächtnisstütze einige Stichworte auf.

2 E Wiederholungsübung

LESEN Sie diesen Text erst nach der Arbeit mit dem Tonband.

A: Wir müssen ja auch die großen Reaktoren nach Basel transportieren ...

B: Ja, dieses Problem hat mir zunächst etwas Kopfzerbrechen gemacht.

A: Was ist Ihrer Meinung nach die beste Transportmöglichkeit?

B: Ein Transport per Bahn vom Bayrischen Wald aus ist unmöglich.

A: Aber der Straßentransport ist sehr teuer!

B: Ich habe einen Plan für kombinierten Transport LKW – Binnenschiff ausgearbeitet.

A: Und wie sieht der aus?

B: Mit Straßentiefladern vom Lieferwerk bis Würzburg ...

A: Aha, und im Würzburger Mainhafen Verladung auf ein Binnenschiff!

B: Ja. und dann von Würzburg den Main hinunter bis Mainz ...

A: ... und schließlich rheinaufwärts bis Basel. Das klingt ganz gut!

B: Nicht wahr? Und der Transport auf dem Wasserweg spart uns eine Menge Geld.

A: Haben Sie auch daran gedacht, daß der Rhein zur Zeit Tiefwasser hat?

B: Auch darüber habe ich mich genau informiert.

A: Eine Verladung ist also möglich?

B: Ja, nur müssen wir leider einen Tiefwasserzuschlag zahlen.

2 F Dialog (Tonband und Buch)

HÖREN Sie sich den Dialog 2 A nochmals an. LESEN Sie gleichzeitig den folgenden Dialogtext *stumm* mit. Arbeiten Sie anschließend den Text durch. Dabei hilft Ihnen das einsprachige Glossar im Anschluß an den Dialogtext, auf das die Zahlen vor den zu erklärenden Ausdrücken verweisen. HÖREN Sie sich schließlich den Dialog nochmals an und versuchen Sie, ihn gleichzeitig zu SPRECHEN.

Fräulein Albrecht:	Herr Ruppert, haben Sie zehn Minuten Zeit für mich? Ich hätte da gerne noch einmal Ihren Rat . . . Es handelt sich um die Abwicklung des Auftrags HELVETIA . . .
Herr Ruppert:	Selbstverständlich. Nehmen Sie Platz. Für HELVETIA müssen wir frei Baustelle liefern, nicht wahr?
Fräulein Albrecht:	Ja, mit (1) *Verzollung* an der deutsch-schweizerischen Grenze.
Herr Ruppert:	Da kommt es also auf eine genaue Vorplanung mit den Spediteuren und mit den schweizerischen Zollbehörden an, damit wir keine Schwierigkeiten bekommen.
Fräulein Albrecht:	In der Schweiz haben wir es ja mit (2) *Gewichtszoll* zu tun . . .
Herr Ruppert:	Ja, die Schweiz ist der einzige Staat in Europa, der die (3) *Einfuhren* nach Gewicht und nicht nach ihrem Wert verzollt.
Fräulein Albrecht:	Das heißt also, daß wir für die Zollabfertigung eine (4) *Versandanzeige* mit sehr genauen und detaillierten (5) *Kollilisten* vorlegen müssen, in der für jede Position das Nettogewicht anzugeben ist.
Herr Ruppert:	Richtig, Und auf diesen Punkt müssen Sie alle unsere (6) *Unterlieferanten* hinweisen. Ferner müssen Sie veranlassen, daß mit dem schweizerischen Zoll eine (7) *Tarifnummer* vereinbart wird, damit nicht jedes einzelne Teil getrennt verzollt werden muß.
Fräulein Albrecht:	(8) *An wen soll ich mich* denn da *wenden?*

30

Herr Ruppert:	An unsere Vertretung in Zürich. Sprechen Sie mit Herrn Brunner, *der* (9) *weiß am besten Bescheid.*
Fräulein Albrecht:	Wie geht denn in diesem Fall die Verzollung vor sich?
Herr Ruppert:	Nun, (10) *wenn die Sendungen* an der Grenze in Basel *eintreffen,* wird zunächst eine vorläufige Verzollung aufgrund unserer Einzelrechnungen vorgenommen. Erst wenn alle Teile der gesamten Anlage auf der Baustelle eingetroffen sind, wird entsprechend der Tarifnummer (11) *endgültig* verzollt.
Fräulein Albrecht:	Müssen wir außer den Handelsrechnungen und den Kollilisten noch irgendwelche (12) *Unterlagen* beim Zoll vorlegen?
Herr Ruppert:	Ja. Wie bei jedem Export von Großanlagen verlangt der Zoll eine Zeichnung der Anlage, einen sogenannten Positionsplan. Auf diesem Plan werden für (13) *die verschiedenen Warengattungen* bestimmte Nummern eingetragen. Die gleichen Nummern werden auch in den Kollilisten vermerkt und auf den Kolli selbst mit (14) *Schablone* markiert.
Fräulein Albrecht:	Aha, auf diese Weise können die Zollbeamten dann die eintreffenden Materialien identifizieren.
Herr Ruppert:	Ja. Die Leute vom Zoll sind ja normalerweise keine Ingenieure oder Techniker. Ohne den Positionsplan könnten sie sich nicht zurechtfinden.
Fräulein Albrecht:	Bei der endgültigen *Verzollung* wird man ja sicher auf andere Werte kommen (15) *als bei der vorläufigen,* nehme ich an . . .
Herr Ruppert:	Ja, *die* auf provisorischer Basis (16) *entrichteten Einfuhrabgaben* sind in der Regel höher als die späteren effektiven Zollsätze.
Fräulein Albrecht:	Da *wird uns* dann wohl (17) *eine Rückvergütung gewährt?*
Herr Ruppert:	In den meisten Fällen.
Fräulein Albrecht:	Gut, ich nehme also mit Herrn Brunner in Zürich Verbindung auf.
Herr Ruppert:	Ja, und Herr Brunner wird Sie dann auch (18) *mit unserem in Basel ansässigen* Zollspediteur bekannt machen.

Fräulein Albrecht:	Fein, ich freue mich jetzt schon auf das (19) *Schwyzerdütsch!*
Herr Ruppert:	Ja, das macht mir auch immer großen Spaß. Sie werden sehen, daß Herr Vetterli und seine Mitarbeiter sehr kompetente Leute sind. Es handelt sich um eine kleinere Speditionsfirma, die seit Jahrzehnten mit den schweizerischen (20) *Behörden* Kontakt hat.
Fräulein Albrecht:	Es ist wohl sehr wichtig, daß der Spediteur auch die Zollbeamten gut kennt ...
Herr Ruppert:	Sicher, so haben wir (21) *die Gewähr,* daß unser Material bei Eintreffen an der Grenze (22) *zügig* verzollt und zur Baustelle weiterbefördert wird.
Fräulein Albrecht:	So ein guter Service ist sicher nicht billig ...
Herr Ruppert:	Sehen Sie, das ist ein Irrtum. Vetterli arbeitet **unter** den schweizerischen Spediteurtarifen. Die Firma gehört nicht dem schweizerischen Spediteurverband an, und ihre Preise liegen weit unter dem, was in dieser (23) *Branche* üblich ist.
Fräulein Albrecht:	Na, da sparen wir als Verlader ja eine ganze Menge Geld!
Herr Ruppert:	Ja, und unsere Kunden auch. Übrigens haben wir mit Vetterli einen Speditionsvertrag geschlossen, der genau regelt, welche (24) *Gebühren* uns für die Einfuhr, die Zollabfertigung und (25) *die Reexpedition* in Basel berechnet werden dürfen.
Fräulein Albrecht:	Interessant! Und wie hoch sind die Tarife?
Herr Ruppert:	Die Sätze sind gestaffelt nach den (26) *jeweiligen Gewichten,* zum Beispiel von eins bis fünfzig und von fünfzig bis hundert Kilo, und dann weiter aufwärts bis fünfundzwanzig Tonnen. Damit sind dann die kleinen Lieferungen und auch Waggonladungen erfaßt. Und die Tarife sind, wie gesagt, sehr günstig.
Fräulein Albrecht:	Ich nehme an, daß ich der Firma Vetterli für jede einzelne Lieferung (27) *zwei Ausfertigungen* unserer detaillierten Packlisten und zwei Ausfertigungen unserer Handelsrechnungen nach Basel schicken muß.

Herr Ruppert:	Ja, und zwar im voraus, damit der Spediteur vor Eintreffen der Lieferung in Basel bereits eine Vorklärung mit dem Zoll durchführen kann.
Fräulein Albrecht:	Und dann muß ich die Warenverkehrsbescheinigung besorgen ...
Herr Ruppert:	Richtig. Die müssen Sie rechtzeitig bei unserem Zollamt in Frankfurt (28) *zur Beglaubigung* vorlegen, und zwar mit einer Vorlieferantenerklärung ...
Fräulein Albrecht:	... womit der Ursprung der Waren aus dem *EG-Raum* bescheinigt wird.
Herr Ruppert:	Ja. Achten Sie bitte darauf, daß die Ausfuhrerklärung ordnungsgemäß ausgestellt wird; Sie wissen ja, bei den vielen Eintragungen passiert leicht ein Fehler. Leider geht es nicht ohne diesen ganzen (29) *Papierkrieg* mit Zahlungsbedingungen, (30) *Grenzübergangswert,* statistischer Warennummer, (31) *Ursprungsland,* Käuferland, Empfängerland und so weiter ...
Fräulein Albrecht:	Das ist ja auch ganz verständlich, wenn man bedenkt, daß die Ausfuhrerklärung an der Grenze von den deutschen Grenzzollbehörden einbehalten wird und unsere Angaben an das Statistische Bundesamt in Wiesbaden weitergeleitet werden.
Herr Ruppert:	Nicht nur das. Eine weitere Kopie der Ausfuhrerklärung geht an die (32) *Bundesbank.* Eine andere Frage: Wir müssen ja auch die großen Reaktoren nach Basel transportieren. Was ist Ihrer Meinung nach die beste Transportmöglichkeit?
Fräulein Albrecht:	Das hat mir zunächst etwas Kopfzerbrechen gemacht. Vom Bayrischen Wald aus besteht keine Möglichkeit des Transports per Bahn, auch nicht mit Spezialtiefladern.
Herr Ruppert:	Aber der Straßentransport ist sehr teuer!
Fräulein Albrecht:	Ich habe einen Plan für kombinierten Transport (33) *LKW–Binnenschiff* ausgearbeitet: Mit Straßentiefladern vom Lieferwerk bis Würzburg, im Würzburger Mainhafen Verladung auf ein Binnenschiff, dann von Würzburg den Main hinunter bis Mainz und schließlich rheinaufwärts bis Basel.

33

Herr Ruppert:	Das klingt ganz gut, und der Transport auf dem Wasserweg spart uns eine Menge Geld . . . aber der Rhein hat zur Zeit Tiefwasser!
Fräulein Albrecht:	Auch darüber habe ich mich genau informiert. Die Verladung ist möglich, nur müssen wir einen Tiefwasserzuschlag zahlen.

(2 Gongschläge)

1 die Verzollung	= die Zollabfertigung, das heißt die zollamtliche Behandlung von zollpflichtigen Waren, die eingeführt (Import), ausgeführt (Export) oder durchgeführt (Transit) werden sollen
2 der Gewichtszoll	siehe 1 G 12
3 die Einfuhr (die Ausfuhr)	der Import (der Export)
4 die Versandanzeige	in der Wirtschaft übliche Mitteilung des Verkäufers an den Käufer, daß die bestellte Ware abgeschickt worden ist
5 die Kolliliste	Im Speditions- und Frachtgeschäft werden eine Kiste, ein Faß, ein Ballen usw. als ein Kollo bezeichnet. Mehrere Kisten usw. sind Kolli. Die Kolliliste ist eine detaillierte Aufstellung aller zum Versand gebrachten Güter, mit Angabe der Gewichte, Maße, Kollinummern, Markierungen und so weiter. Die Kolliliste ist der Liefernachweis für den Kunden.
6 der Unterlieferant	der Unternehmer, der für einen Hauptunternehmer Arbeiten ausführt
7 die Tarifnummer	Die zu verzollenden Waren werden mit Angaben über Wert, Gewicht, Zollsatz usw. in einer Liste zusammengestellt. Für die verschiedenen Warengattungen gibt es unterschiedliche Tarifnummern, unter denen jeweils ganze Gruppen ähnlicher Waren oder Güter zusammengefaßt sind.
8 An wen soll ich mich wenden?	Mit wem soll ich Verbindung aufnehmen?
9 er weiß Bescheid	er ist informiert
10 Wann werden die Sendungen eintreffen?	Wann werden die Lieferungen ankommen?
11 endgültig	definitiv

12 die Unterlagen	die Dokumente (z. B. Briefe, Bestellungen, Bescheinigungen, Zeichnungen, Zeugnisse usw.)
13 die verschiedenen Warengattungen	die diversen Arten von Waren
14 die Schablone	die Vorlage aus Blech, Holz oder Pappe, hier zur Vervielfältigung von Schriften
15 die vorläufige Verzollung	die provisorische Zollabfertigung
16 die Einfuhrabgaben müssen hier entrichtet werden	der Importzoll muß hier bezahlt werden
17 Wird uns eine Rückvergütung gewährt?	Bekommen wir eine Rückzahlung?
18 Der Zollspediteur ist in Basel ansässig	Der Zollspediteur wohnt in Basel, hat seinen Wohnsitz in Basel
19 das Schwyzerdütsch	Sammelbegriff für die in der deutschsprachigen Schweiz gesprochenen Mundarten (Dialekte)
20 die Behörden (Einzahl: die Behörde)	Behörden sind Organe juristischer Personen des öffentlichen Rechts in Staat, Gemeinde und Kirche. Die Polizei, das Finanzamt, die Bürgermeisterei sind Behörden.
21 die Gewähr	die Garantie, die Sicherheit
22 zügig	rasch, ohne Unterbrechungen
23 die Branche (französisch)	der Wirtschafts- oder Geschäftszweig
24 die Gebühren (Einzahl: die Gebühr)	zu zahlende Beträge (oft von Behörden festgelegt)
25 die Reexpedition	Herrn Rupperts Firma fertigt die Sendung bis zur Grenze ab, wo der von ihr beauftragte Grenzspediteur sie dann weiterbehandelt. Meistens ist der Anlaß für eine Reexpedition die Verzollung durch den Grenzspediteur.
26 die jeweiligen Gewichte	die Gewichte in jedem einzelnen Fall

27 zwei Ausfertigungen   zwei Exemplare unserer Listen
    unserer Listen

28 die Beglaubigung   amtliches Zeugnis für Echtheit und Zeitpunkt einer
                        Unterschrift oder für die Richtigkeit einer Abschrift

29 der Papierkrieg (Um-   die Unannehmlichkeit, eine Menge Formulare oder
    gangssprache, ironisch) sonstige Papiere vorlegen, schreiben oder ausfüllen
                        zu müssen

30 der Grenzübergangs-   der Verkaufspreis + Fracht bis zur Grenze
    wert

31 das Ursprungsland   Das Herkunftsland, hier der betreffenden Ware. Vie-
                        le Länder fordern bei der Einfuhr ausländischer Wa-
                        ren ein „Ursprungszeugnis", das heißt eine von der
                        Industrie- und Handelskammer beglaubigte Urkunde,
                        die das Herkunftsland bescheinigt.

32 die Bundesbank   Die Deutsche Bundesbank in Frankfurt am Main ist
                        die Zentralnotenbank der BRD. Sie ist unabhängig
                        und spielt eine führende Rolle in der deutschen
                        Währungspolitik.

33 das Binnenschiff   Das Schiff, das natürliche Wasserstraßen innerhalb
                        des eigenen Landes (Flüsse, Binnenseen, Kanäle) be-
                        fährt. Das schiffbare Binnenwasserstraßennetz in
                        der BRD hat eine Länge von rund 5 000 km.

2 H Ergänzungsübung

SCHREIBEN Sie die fehlenden Wörter in die Lücken. Den Schlüssel zu dieser
Übung finden Sie unter 2 I.

1. Die Schweiz ist der . . . . . . Staat in Europa, der die Ein . . . . . . nach
. . . . und nicht nach ihrem Wert . . . .

2. Wenn die Sendungen . . der Grenze in Basel . . . . fen, wird . . nächst
eine vor . . . . Verzollung . . . grund unserer Einzelrechnungen . . . ge-
nommen.

3. Die Nummern des Positionsplans werden auch in den Kolli . . . . . . ver . . . . .
und auf den Kolli selbst mit Sch . . . . . . markiert, ... die Zoll . . . .
die Materialien id . . . . können.

4. Die . . . provisorischer Basis . . . richteten Einfuhr . . . . ben sind in der
R . . . . höher als die späteren e . . . . Zolls . . . . .

5. Die Firma Vetterli . . . . . . nicht dem schweizerischen Spediteur . . . .
an, und . . . . Preise liegen weit . . . . . dem, was in dieser Branche . . lich
ist.

6. Wir haben mit dem Spediteur einen . . . . geschlossen, der genau r . . . . . ,
welche Ge . . . . . . uns für die Einfuhr, die Zoll . . . . und die
Re . . . . in Basel . . rechnet . . . . . . dürfen.

7. Die Waren . . . . bescheinigung muß . . . . . zeitig bei dem Zoll . . . in
Frankfurt zur Beg . . . . vorge . . . . werden.

7. Warenverkehrsbescheinigung – rechtzeitig – Zollamt – Beglaubigung – vorgelegt
6. Vertrag – regelt – Gebühren – Zollabfertigung – Reexpedition – berechnet – werden
5. gehört – Spediteurverband – ihre – unter – üblich
4. auf – entrichteten – Einfuhrabgaben – Regel – effektiven – Zollsätze
3. Kollilisten – vermerkt – Schablone – damit – Zollbeamten – identifizieren
2. an – eintreffen – zunächst – vorläufige – aufgrund – vorgenommen
1. einzige – Einfuhren – Gewicht – verzollt

3 A Dialog (Tonband)

HÖREN Sie sich den Dialog mehrmals an.
Das Ende des Dialogs Teil 3 wird durch 3 Gongschläge gekennzeichnet.
Bitte vor dem Lesen des Dialogtextes unbedingt erst die Auswahl- und Wieder-
holungsübung durchgehen.

3 B Auswahlübung

LESEN Sie den folgenden Text. Kreuzen Sie diejenige Aussage an, die den im Dialog gegebenen Informationen entspricht. Den Schlüssel zu dieser Übung finden Sie unter 3 C.

1. Der Auftrag Guayaquil mußte sehr knapp kalkuliert werden. Der Grund dafür war
   a) die Notwendigkeit, den Kies in Jutesäcke zu verpacken
   b) die Unmöglichkeit, den Kies als loses Schüttgut in Ecuador zu löschen
   c) die starke amerikanische Konkurrenz

2. Eine „Special Enquiry" mit 15 % Rabatt kann deswegen gezeichnet werden, weil
   a) außer dem Kies auch Maschinen und Apparate nach Ecuador zu liefern sind
   b) eine Verschiffung mit Bananendampfer unmöglich ist
   c) die Säcke auf Paletten verladen werden

3. Reine Konnossemente bekommt Euro-Engineering nur dann, wenn
   a) Stauverlust im Schiff vermieden wird
   b) das zuständige Bundesministerium in Bonn keinen Einspruch erhebt
   c) keine Mängel an Ware und Verpackung festgestellt werden

4. Es darf kein Material an Deck verladen werden, da in diesem Fall
   a) der Kies nicht in Plastiksäcken verpackt werden kann
   b) eine besondere Versicherung abgeschlossen werden muß
   c) unter Umständen ein großer Verlust entstehen könnte

3 C Schlüssel zur Auswahlübung

1. c)   2. a)   3. c)   4. b)

3 D Wiederholungsübung (Tonband)

1. Hören Sie sich den Kurzdialog an.
2. Spulen Sie das Band zurück und wiederholen Sie, was der erste Dialogpartner sagt.
3. Spulen Sie das Band zurück und wiederholen Sie, was der zweite Dialogpartner sagt.

Auf dem Tonband folgt diese Übung dem Dialog 3 A. Schauen Sie bei dieser
Übung nicht in Ihr Buch. Imitieren Sie die Aussprache und Intonation der Spre-
cher(in). Wiederholen Sie diese Übung mehrmals und versuchen Sie dann allein
oder zu zweit, diesen Kurzdialog ohne Tonband zu spielen. Schreiben Sie sich
als Gedächtnisstütze einige Stichworte auf.

3 E Wiederholungsübung

LESEN Sie diesen Text erst nach der Arbeit mit dem Tonband.

A: Stimmt es, daß eine Bulkladung unmöglich ist?

B: Leider. Der Kies kann nicht als loses Schüttgut gelöscht werden.

A: Wer sagt das?

B: Unser Vertreter in Ecuador.

A: Mit welcher Begründung?

B: Es gibt im Hafen keine Kräne für die Löschung von Bulkladungen.

A: Das ist ja furchtbar. Da würden wir ganze Kolonnen von Arbeitern brauchen . . .

B: . . . die mehrere Tage zu tun hätten, um den Kies auf den Kai zu schaufeln!

A: Das heißt also, daß wir in Säcke verpacken müssen.

B: Ja, und das kostet natürlich viel Geld.

A: Nun, es müssen ja nicht gerade Jutesäcke sein.

B: Die hat aber der Lieferant vorgeschlagen!

A: Ich bin der Ansicht, daß es mit Plastiksäcken auch geht. Wie hoch ist das Liefergewicht?

B: Neunhundert Tonnen. Dafür brauchen wir achtzehntausend Säcke. Ich habe es nachgerechnet.

A: Hm. Das ist keine Kleinigkeit.

B: Ich muß also mit dem Lieferwerk sprechen, damit die Säcke auf Paletten verladen werden.

A: Richtig. So bekommen wir eine kompakte Ladung und vermeiden Stau-verlust im Schiff.

3 F Dialog (Tonband und Buch)

HÖREN Sie sich den Dialog 3 A nochmals an. LESEN Sie gleichzeitig den folgenden Dialogtext *stumm* mit. Arbeiten Sie anschließend den Text durch. Dabei hilft Ihnen das einsprachige Glossar im Anschluß an den Dialogtext, auf das die Zahlen vor den zu erklärenden Ausdrücken verweisen. HÖREN Sie sich schließlich den Dialog nochmals an und versuchen Sie, ihn gleichzeitig zu SPRECHEN.

Fräulein Albrecht:	Herr Ruppert, ich habe Schwierigkeiten mit der Verladung der neunhundert Tonnen Filterkies für Ecuador.
Herr Ruppert:	Ist das der Kies für die Wasserreinigungsanlage Guayaquil?
Fräulein Albrecht:	Ja. Wir hatten in der Kalkulation eine Verschiffung mit Bananendampfer vorgesehen. Sie erinnern sich?
Herr Ruppert:	Das ist doch *der Auftrag, den unsere Ingenieure* gegen die starke amerikanische Konkurrenz (1) *hereingeholt haben* . . . , ja, richtig, da mußten wir natürlich so knapp wie möglich kalkulieren.
Fräulein Albrecht:	Die Idee war ja auch sehr gut, aber die Reederei weigert sich, den Kies auf einem Bananendampfer zu verschiffen.
Herr Ruppert:	Mit welcher Begründung?
Fräulein Albrecht:	(2) *Das Bundesernährungsministerium* in Bonn (3) *erhebt Einspruch* gegen eine solche Verladung. Der Laderaum kann angeblich später nicht so gereinigt werden, wie es für den Transport von Nahrungsmitteln erforderlich ist . . .
Herr Ruppert:	Aha, so ist das. Da werden wir diesen Plan leider aufgeben müssen.
Fräulein Albrecht:	Aber dann können wir den kalkulierten Preis auf keinen Fall mehr einhalten! Mit einem normalen (4) *Liniendampfer* . . .
Herr Ruppert:	Moment, Fräulein Albrecht! Jetzt müssen wir natürlich versuchen, den größtmöglichen (5) *Rabatt* herauszuholen. Haben Sie schon mit der (6) *Konferenz* gesprochen?
Fräulein Albrecht:	Nein.

44

Herr Ruppert:	Nun, wir haben ja außer dem Kies auch Maschinen und Apparate nach Ecuador zu liefern. Da können wir für den Gesamtauftrag eine (7) *"Special Enquiry"* zeichnen ...
Fräulein Albrecht:	Macht das viel aus?
Herr Ruppert:	Das gibt immerhin fünfzehn Prozent Sonderrabatt.
Fräulein Albrecht:	Das reicht nicht. Das Schlimme ist nämlich, daß wir in der Kalkulation auch eine (8) *Bulkladung* vorgesehen haben ...
Herr Rupprecht:	Na und?
Fräulein Albrecht:	Der Kies kann im Hafen von Guayaquil nicht als loses Schüttgut (9) *gelöscht* werden.
Herr Ruppert:	Wer sagt das?
Fräulein Albrecht:	Unser Vertreter in Ecuador. Es gibt dort keine Kräne für die Löschung von Bulkladungen. Wir würden ganze Kolonnen von Arbeitern brauchen, die mehrere Tage zu tun hätten, um den Kies mit Schaufeln auf den Kai zu werfen.
Herr Ruppert:	Das heißt also, daß wir in Säcke verpacken müssen ...
Fräulein Albrecht:	Ja, und das kostet natürlich viel Geld, zumal der Lieferant nun Jutesäcke vorschlägt.
Herr Ruppert:	Da bin ich anderer Ansicht. Wir haben früher auch schon Kies in widerstandsfähigen Plastiksäcken verschifft, das ging auch.
Fräulein Albrecht:	Wenn ich mir das überlege ... neunhundert Tonnen ... (10) *ein Sack faßt fünfzig Kilo,* das wären also ... achtzehntausend Säcke!
Herr Ruppert:	Ja, das stimmt. Natürlich können wir nicht jeden Sack einzeln verladen ...
Fräulein Albrecht:	Ich muß also mit dem Lieferwerk sprechen, damit die Säcke auf (11) *Paletten* verladen werden.
Herr Ruppert:	Richtig. So bekommen wir eine kompakte Ladung und vermeiden (12) *Stauverlust* im Schiff. Und bestehen Sie bitte darauf, daß normale Paletten verwendet werden, wie sie bei der (13) *Bundesbahn* üblich sind.
Fräulein Albrecht:	Sind denn auch andere Paletten im Verkehr?

45

Herr Ruppert:	Oh ja. Ich erinnere mich an eine Verladung, bei der die Lieferwerke zu schwache Paletten genommen hatten. Ich war selbst im Hafen und habe beobachtet und sogar fotografiert, wie Paletten in der Mitte auseinandergebrochen sind. Die Säcke sind wie Bomben in das Schiffsinnere gefallen ...
Fräulein Albrecht:	Das ist ja furchtbar!
Herr Ruppert:	Ja, wir hatten wirklich Glück, daß niemand unten stand, sonst wäre bestimmt etwas passiert.
Fräulein Albrecht:	Gut. Ich achte also besonders auf stabile Paletten ...
Herr Ruppert:	... und Verpackung in guten Plastiksäcken. Das wird meines Erachtens auch für die (14) *Ratenfindung* bei der Konferenz ausschlaggebend sein. Ich werde selbst einmal mit dem (15) *Konferenzsekretär* sprechen.
Fräulein Albrecht:	Kümmert sich denn die Konferenz auch um solche verpackungstechnische Einzelheiten?
Herr Ruppert:	Ganz gewiß! Die Konferenz verlangt zum Beispiel sogar, daß jeweils zwei Paletten übereinandergelegt werden, damit Schiffsraum gespart wird.
Fräulein Albrecht:	Dann verstehe ich auch, warum es auf besonders haltbare Plastiksäcke ankommt!
Herr Ruppert:	Sehen Sie! Sogar unsere Bezahlung hängt davon ab, denn bei der Verladung müssen wir bestrebt sein, reine (16) *Konnossemente* zu bekommen ...
Fräulein Albrecht:	... und die bekommen wir nur, wenn keine Mängel an der Ware und der Verpackung festgestellt werden.
Herr Ruppert:	Richtig. Und mit (17) *unreinen Konnossementen* können wir unser Akkreditiv nicht einlösen, beziehungsweise die Bank macht bei der Dokumenteneinreichung einen Vorbehalt. Das wiederum bedeutet, daß die Zahlung an uns erst dann fällig wird, (18) *wenn der Kunde den Vorbehalt aufhebt.*
Fräulein Albrecht:	Das kann wohl recht lange dauern?
Herr Ruppert:	Erfahrungsgemäß dauert das vier bis acht Wochen, manchmal auch länger, so daß für uns unter Umständen ein gro-

ßer Zinsverlust entstehen kann.

Fräulein Albrecht: Was machen wir, wenn nun doch ein paar Säcke (19) *kaputtgehen?*

Herr Ruppert: Wenn es sich wirklich nur um geringfügige Beschädigungen handelt, dann zeichnen wir bei der Reederei einen (20) *Revers.*

Fräulein Albrecht: Das heißt, daß wir dann trotzdem reine Konnossemente bekommen.

Herr Ruppert: Ja. – Gut, so sieht das also aus. Ich fürchte natürlich auch, daß die Verschiffung (21) *trotz Ausschöpfung aller* Rabatt*möglichkeiten* teurer wird, als wir kalkuliert hatten. Also müssen wir beide jetzt höllisch aufpassen, daß keine weiteren unvorhergesehenen Kosten entstehen.

Fräulein Albrecht: (22) *Wir werden es schon schaffen,* Herr Ruppert.

Herr Ruppert: Hoffentlich. – Ach, da fällt mir noch etwas ein: denken Sie bitte mit daran, daß keinerlei Material (23) *an Deck* verladen werden darf, denn sonst müßten wir eine besondere An-Deck-Versicherung abschließen!

Fräulein Albrecht: Stimmt. Die ist fünfzig Prozent teurer als die normale Transportversicherung. Ich möchte übrigens unseren Vertreter in Ecuador bitten, diese Transportversicherung abzuschließen.

Herr Ruppert: Haben Sie das mit unserer Versicherungsabteilung besprochen?

Fräulein Albrecht: Ja, es gibt da eine neue Bestimmung in Ecuador, die besagt, daß die Transportversicherung von staatseigenen Unternehmen durchgeführt werden muß.

Herr Ruppert: Das ist etwas, das ich noch nicht wußte. Sehen Sie, man lernt nie aus!

(3 Gongschläge)

3 G Glossar

1 wir haben den Auf-
trag hereingeholt

wir haben uns um den Auftrag bemüht und ihn bekommen

2 das Bundesernäh-
rungsministerium

genau: das Bundesministerium für Ernährung, Land-
wirtschaft und Forsten; im Jahr 1974 gab es 15 weitere Bundesministerien, z. B. das Bundesministerium
der Finanzen, das B. für Wirtschaft, das B. für Arbeit
und Sozialordnung, das B. für Verkehr, das B. für
Forschung und Technologie und für das Post- und
Fernmeldewesen, das B. für wirtschaftliche Zusammenarbeit usw.

3 er erhebt Einspruch
gegen ...

er protestiert gegen ...

4 der Liniendampfer

Schiff, das im Rahmen der Linienschiffahrt eingesetzt wird. Bei der Linienschiffahrt handelt es sich
im Gegensatz zur sogenannten Trampschiffahrt um
regelmäßige Schiffsverbindungen auf festgelegten
Routen.

5 der Rabatt

der Preisnachlaß

6 die Konferenz

Vereinigung von Reedereien nach Fahrgebieten, ohne
finanziellen Zusammenschluß. Im Linienverkehr werden regelmäßige Abfahrten nach bestimmten Häfen
zu festen Raten geboten. Der Sinn des Zusammen-
schlusses zu einer Konferenz ist die Verbesserung
der Konkurrenzverhältnisse gegenüber den Outsidern,
d. h. allen nicht zu einer Konferenz gehörenden See-
reedereien. Kunden der Konferenz bekommen einen
Treuerabatt, den sogenannten Konferenzrabatt.

7 die „Special Enquiry"
(SE) (auch
(„special enquiry")

Frachtrabatt, der von bestimmten Konferenzen auf
Antrag für Großtransporte gewährt wird

8 die Bulkladung

„Bulk" und „special enquiry" sind Termini, die wie
viele andere Fachausdrücke der Schiffahrt und des
Versandwesens aus dem Englischen übernommen

	wurden. Eine Bulkladung ist eine lose Massengutladung (z. B. Kies, Erz, Getreide, Schrott).
9 löschen	hier: entladen
10 ein Sack faßt 50 Kilo	in einen Sack gehen 50 Kilo
11 die Palette	Ladeplatte, z. B. aus Stahl oder Holz, mit Füßen oder Kufen. Paletten dienen der Rationalisierung des Güterumschlags und der Güterlagerung durch Zusammenfassung von Einzelkolli zu Transporteinheiten.
12 der Stauverlust	unvollständige Ausnutzung des Laderaums im Schiff
13 die Bundesbahn	Die Deutsche Bundesbahn (DB) untersteht dem Bundesverkehrsministerium. Sie hat eigene Haushaltführung und wird von einem Verwaltungsrat kontrolliert.
14 die Ratenfindung	die Ermittlung der Seefracht, d. h. des Preises für die Beförderung der Güter auf dem Seeweg
15 der Konferenzsekretär	Mitglied der Geschäftsleitung der Konferenz
16 das Konnossement	Das Konnossement, auch Bill of Lading (B/L) genannt, ist handelbar. Die Übergabe des Konnossements hat die gleichen Rechtswirkungen wie die Übergabe des Frachtguts. Der Erwerber des Konnossements wird also Eigentümer der Ware. In dem Konnossement wird der Empfang der zur Beförderung übernommenen Güter bescheinigt, mit der Verpflichtung, diese Güter im Bestimmungshafen an den durch das Konnossement Legitimierten auszuliefern.
17 unreines Konnossement	B/L mit Vermerk des Reeders über Ladungs- oder Verpackungsmängel. Gegensatz: reines Konnossement = B/L, das keine Vermerke über äußerlich erkennbare Ladungsmängel bzw. Mängel der Verpackung enthält.
18 Wann hebt der Kunde diesen Vorbehalt auf?	Wann läßt der Kunde diese Einschränkung fallen?
19 kaputtgehen (Umgangssprache)	von kaputt = defekt, zerbrochen, zerstört

20 der Revers	die Erklärung, der Verpflichtungsschein; wenn der Reeder auf die Eintragung eines Ladungsmangels im B/L verzichten soll, so wird er einen Revers des Abladers verlangen, der den Reeder von seiner Verantwortung befreit
21 trotz Ausschöpfung aller Möglichkeiten	trotz Ausnutzung aller Möglichkeiten
22 wir werden es schon schaffen	es wird uns schon gelingen
23 das Deck	der Boden auf Schiffen, hier das Oberdeck

3 H Ergänzungsübung

SCHREIBEN Sie die fehlenden Wörter in die Lücken. Den Schlüssel zu dieser Übung finden Sie unter 3 I.

1. Diesen Auf.... haben unsere Ingenieure ..... starke amerikanische K........ herein......, das heißt wir mußten sehr knapp k..........

2. Wir müssen ...... bestehen, daß normale ..... ten ... wendet werden, ... sie bei der ...... bahn üblich sind.

3. Reine .... bekommen wir nur, wenn keine M..... an der W... und der Verpackung f........ llt werden.

4. Wenn die Bank ... der Dokumenten........ ung einen Vor...... macht, kann uns durch verspätete Zahlung ..... Umständen ein großer .... verlust ent.......

5. Es darf ...... lei Material an Deck verladen werden, denn s.... müßten wir eine An-Deck-Versicherung ...., die fünfzig .... teurer ist als die normale Transportversicherung.

6. Es gibt eine neue ...... mung, die .. sagt, daß diese Versicherung von staats...... Unter...... durch....... werden muß.

7. Da die Verschiffung ..... Ausschöpfung aller ...... möglichkeiten teurer wird ... wir kalkuliert hatten, müssen wir ... passen, daß keine weiteren .... gesehenen Kosten entstehen.

3 I Schlüssel zur Ergänzungsübung

7. trotz – Rabattmöglichkeiten – als – aufpassen – unvorhergesehenen

6. Bestimmung – besagt – staatseigenen – Unternehmen – durchgeführt

5. keinerlei – sonst – abschließen – Prozent

4. bei – Dokumenteneinreichung – Vorbehalt – unter – Zinsverlust – entstehen

3. Konnossemente – Mängel – Ware – festgestellt

2. darauf – Paletten – verwendet – wie – Bundesbahn

1. Auftrag – gegen – Konkurrenz – hereingeholt – kalkulieren

51

4 A Vier-Phasen-Übungen (Tonband)

SPRECHEN Sie, wie es Ihnen Ihre Tonbandlehrer zu Beginn jeder Übung vormachen. Das geht z. B. so vor sich:

1. Lehrer: Hoffentlich denkt Herr Brunner an die Eintragung der Warennummer
2. Lehrer: Wir müssen Herrn Brunner daran erinnern, daß er die Warennummer einträgt

Ein solches Beispiel zeigt Ihnen, wie Sie reagieren sollen, wenn Ihnen ähnliche Sprechanreize gegeben werden, etwa so:

Lehrer: Hoffentlich denkt der Spediteur an die Vorlage der Bescheinigung

Schüler: Wir müssen den Spediteur daran erinnern, daß er die Bescheinigung vorlegt

Lehrer: Wir müssen den Spediteur daran erinnern, daß er die Bescheinigung vorlegt

Schüler: Wir müssen den Spediteur daran erinnern, daß er die Bescheinigung vorlegt

Sie versuchen also immer, auf den Sprechanreiz, den „Stimulus" richtig zu reagieren. Falls Sie einen Fehler machen: Ihre Tonbandlehrer geben Ihnen anschließend die Modellantwort. Wiederholen Sie immer diese Modellantwort. Mehrmaliges Durcharbeiten der Drills erhöht den Lernerfolg.

4 B Vier-Phasen-Übungen

LESEN Sie diese Texte erst nach der Arbeit mit dem Tonband.

„Wir müssen Herrn Brunner daran erinnern, daß er die Warennummer einträgt"
(1)

Beispiel:
Hoffentlich denkt Herr Brunner an die Eintragung der Warennummer
— Wir müssen Herrn Brunner daran erinnern, daß er die Warennummer einträgt

Jetzt sind Sie an der Reihe!
Hoffentlich denkt Herr Brunner an die Eintragung der Warennummer
— Wir müssen Herrn Brunner daran erinnern, daß er die Warennummer einträgt

Hoffentlich denkt der Spediteur an die Vorlage der Bescheinigung
— Wir müssen den Spediteur daran erinnern, daß er die Bescheinigung vorlegt

Hoffentlich denkt der Lieferant an die Markierung der Kolli
— Wir müssen den Lieferanten daran erinnern, daß er die Kolli markiert

Hoffentlich denkt Herr Vetterli an die Besorgung der Lieferantenerklärung
— Wir müssen Herrn Vetterli daran erinnern, daß er die Lieferantenerklärung
besorgt

Hoffentlich denkt Fräulein Albrecht an die Ausstellung der Ausfuhrerklärung
— Wir müssen Fräulein Albrecht daran erinnern, daß sie die Ausfuhrerklärung
ausstellt

Hoffentlich denkt Herr Ruppert an die Weiterleitung der Angaben
— Wir müssen Herrn Ruppert daran erinnern, daß er die Angaben weiterleitet

Hoffentlich denkt die Versandabteilung an die Ausarbeitung eines Transport-
plans
— Wir müssen die Versandabteilung daran erinnern, daß sie einen Transport-
plan ausarbeitet

„Wir lassen die Akkreditivänderung durch den Kunden vornehmen" (2)

Beispiel:
Wer nimmt die Akkreditivänderung vor, wir oder der Kunde?
— Wir lassen die Akkreditivänderung durch den Kunden vornehmen

Jetzt sind Sie an der Reihe!
Wer nimmt die Akkreditivänderung vor, wir oder der Kunde?
— Wir lassen die Akkreditivänderung durch den Kunden vornehmen

Wer stempelt die Erklärung ab, wir oder der Zoll?
— Wir lassen die Erklärung durch den Zoll abstempeln

Wer legt die Unterlagen vor, wir oder unsere Vertretung?
— Wir lassen die Unterlagen durch unsere Vertretung vorlegen

Wer trägt die Positionsnummern ein, wir oder die Versandabteilung?
— Wir lassen die Positionsnummern durch die Versandabteilung eintragen

Wer führt die Vorklärung mit dem Zoll durch, wir oder der Spediteur?
— Wir lassen die Vorklärung mit dem Zoll durch den Spediteur durchführen

Wer stellt die Ausfuhrerklärung aus, wir oder der Hauptlieferant?
— Wir lassen die Ausfuhrerklärung durch den Hauptlieferanten ausstellen

Wer schließt die Versicherung ab, wir oder ein staatseigenes Unternehmen?
— Wir lassen die Versicherung durch ein staatseigenes Unternehmen abschließen

„Aha, beim Kunden muß ich also reklamieren, nicht bei der Bank" (3)

Herr Ruppert sagt: „Nein, nicht bei der Bank! Beim Kunden müssen Sie reklamieren." Im gesprochenen Deutsch wird „bei dem" oft zu „beim". Achten Sie
bitte darauf in der folgenden Übung.

Beispiel:
Die Reklamation betrifft den Kunden, nicht die Bank
— Aha, beim Kunden muß ich also reklamieren, nicht bei der Bank

So, jetzt sind Sie an der Reihe!
Die Reklamation betrifft den Kunden, nicht die Bank
— Aha, beim Kunden muß ich also reklamieren, nicht bei der Bank

Die Reklamation betrifft den Lieferanten, nicht die Vertretung
— Aha, beim Lieferanten muß ich also reklamieren, nicht bei der Vertretung

Die Reklamation betrifft das Zollamt, nicht die Speditionsfirma
— Aha, beim Zollamt muß ich also reklamieren, nicht bei der Speditionsfirma

Die Reklamation betrifft das Lieferwerk, nicht die Versicherung
— Aha, beim Lieferwerk muß ich also reklamieren, nicht bei der Versicherung

Die Reklamation betrifft den Käufer, nicht die Grenzzollbehörde
— Aha, beim Käufer muß ich also reklamieren, nicht bei der Grenzzollbehörde
Die Reklamation betrifft den Konferenzsekretär, nicht die Reederei
— Aha, beim Konferenzsekretär muß ich also reklamieren, nicht bei der Reederei
Die Reklamation betrifft das Bundesernährungsministerium, nicht die Bundesbahn
— Aha, beim Bundesernährungsministerium muß ich also reklamieren, nicht bei der Bundesbahn

„Gut, wir werden versuchen, die Ware in Basel zu verzollen" (4)

Beispiel:
Eine andere Möglichkeit wäre die Verzollung der Ware in Basel
— Gut, wir werden versuchen, die Ware in Basel zu verzollen

Jetzt sind Sie an der Reihe!
Eine andere Möglichkeit wäre die Verzollung der Ware in Basel
— Gut, wir werden versuchen, die Ware in Basel zu verzollen

Eine andere Möglichkeit wäre die Verschiffung des Materials mit einem Liniendampfer
— Gut, wir werden versuchen, das Material mit einem Liniendampfer zu verschiffen

Eine andere Möglichkeit wäre der Transport der Apparate mit Tiefladern
— Gut, wir werden versuchen, die Apparate mit Tiefladern zu transportieren

Eine andere Möglichkeit wäre die Verladung der Säcke auf Paletten
— Gut, wir werden versuchen, die Säcke auf Paletten zu verladen

Eine andere Möglichkeit wäre die Lieferung frei Baustelle
— Gut, wir werden versuchen, frei Baustelle zu liefern

Achtung, es wird etwas komplizierter!

Eine andere Möglichkeit wäre die Zusammenstellung einer größeren Partie
— Gut, wir werden versuchen, eine größere Partie zusammenzustellen

Eine andere Möglichkeit wäre die Ausschöpfung aller Rabattmöglichkeiten
— Gut, wir werden versuchen, alle Rabattmöglichkeiten auszuschöpfen

Eine andere Möglichkeit wäre die Aufhebung des Vorbehalts
— Gut, wir werden versuchen, den Vorbehalt aufzuheben

„Der Schiffstransport dauert länger als der Bahntransport" (5)

Beispiel:
Welcher Transport dauert länger: der Schiffstransport oder der Bahntransport?
– Der Schiffstransport dauert länger als der Bahntransport

Jetzt sind Sie an der Reihe!
Welcher Transport dauert länger: der Schiffstransport oder der Bahntransport?
– Der Schiffstransport dauert länger als der Bahntransport

Welche Abgaben sind höher: die provisorischen Abgaben oder die effektiven Abgaben?
– Die provisorischen Abgaben sind höher als die effektiven Abgaben

Welche Verpackung ist teurer: die seemäßige Verpackung oder die bahnmäßige Verpackung?
– Die seemäßige Verpackung ist teurer als die bahnmäßige Verpackung

Welcher Transport ist billiger: der Binnenschiffstransport oder der Straßentransport?
– Der Binnenschiffstransport ist billiger als der Straßentransport

Welche Verpackung kostet mehr Geld: die Verpackung in Jutesäcken oder die Verpackung in Plastiksäcken?
– Die Verpackung in Jutesäcken kostet mehr Geld als die Verpackung in Plastiksäcken

Welche Versicherung verursacht höhere Kosten: die An-Deck-Versicherung oder die normale Transportversicherung?
– Die An-Deck-Versicherung verursacht höhere Kosten als die normale Transportversicherung

Welche Tarife sind günstiger: die Tarife der Firma Vetterli oder die Tarife des schweizerischen Spediteurverbands?
– Die Tarife der Firma Vetterli sind günstiger als die Tarife des schweizerischen Spediteurverbands

„Doch, die Frage der Verpackung muß geklärt werden" (6)

Beispiel:
Die Verpackung ist sicher nicht so wichtig ...
– Doch, die Frage der Verpackung muß geklärt werden

Jetzt sind Sie an der Reihe!
Die Verpackung ist sicher nicht so wichtig ...
— Doch, die Frage der Verpackung muß geklärt werden

Die Akkreditivänderung ist sicher nicht so wichtig ...
— Doch, die Frage der Akkreditivänderung muß geklärt werden

Der Stauverlust ist sicher nicht so wichtig ...
— Doch, die Frage des Stauverlusts muß geklärt werden

Der Vorbehalt ist sicher nicht so wichtig ...
— Doch, die Frage des Vorbehalts muß geklärt werden

Das Liefergewicht ist sicher nicht so wichtig ...
— Doch, die Frage des Liefergewichts muß geklärt werden

Das Umladen ist sicher nicht so wichtig ...
— Doch, die Frage des Umladens muß geklärt werden

Die Sonderkonditionen sind sicher nicht so wichtig ...
— Doch, die Frage der Sonderkonditionen muß geklärt werden

„Ich habe gestern mit dem Konferenzsekretär gesprochen" (7)

Beispiel:
Man sollte vielleicht mit dem Konferenzsekretär sprechen ...
— Ich habe gestern mit dem Konferenzsekretär gesprochen

Jetzt sind Sie an der Reihe!
Man sollte vielleicht mit dem Konferenzsekretär sprechen ...
— Ich habe gestern mit dem Konferenzsekretär gesprochen

Man sollte vielleicht Einspruch gegen den Plan erheben ...
— Ich habe gestern Einspruch gegen den Plan erhoben

Man sollte vielleicht den Vorbehalt aufheben ...
— Ich habe gestern den Vorbehalt aufgehoben

Man sollte vielleicht eine Transportversicherung abschließen ...
— Ich habe gestern eine Transportversicherung abgeschlossen

Man sollte vielleicht diesen Passus in den Vertrag aufnehmen
— Ich habe gestern diesen Passus in den Vertrag aufgenommen

Man sollte vielleicht eine Akkreditivänderung vornehmen ...
— Ich habe gestern eine Akkreditivänderung vorgenommen

4 C Fragen und Antworten (Tonband)

HÖREN Sie sich die Fragen an. SPRECHEN Sie in den Pausen, d.h. beantworten Sie die Fragen nach bestem Vermögen. Wiederholen Sie jeweils die anschließende Modellantwort des Sprechers. Auf dem Tonband folgen diese Fragen und Antworten den Vier-Phasen-Übungen 4 B.

4 D Fragen

LESEN Sie die Fragen. SCHREIBEN Sie Ihre Antworten auf. Die Modellantworten zum Vergleich finden Sie unter 4 E.

1. Einige Teile der Anlage haben Übermaße. Was muß der Spediteur deshalb tun?

2. Warum kommt ein Transport per LKW praktisch nicht in Frage?

3. Was ist der Nachteil der seemäßigen Verpackung?

4. Warum sind die Dampfer vor einiger Zeit nur mit 11 Knoten Geschwindigkeit gefahren?

5. Welche Vorschriften des Kunden braucht die Versandabteilung, bevor sie sich um die Verpackung kümmern kann?

6. Wo werden die Lieferungen für den Auftrag HELVETIA verzollt?

7. Werden die Einfuhren in die Schweiz nach ihrem Wert verzollt?

8. Was muß geschehen, damit nicht jedes einzelne Teil getrennt verzollt werden muß?

9. Warum liegen die Preise der Firma Vetterli weit unter dem, was in der Spediteurbranche üblich ist?

10. Welchen Weg nimmt das Binnenschiff, mit dem die Reaktoren transportiert werden?

11. Warum mußte der Auftrag Guayaquil so knapp kalkuliert werden?

12. Warum konnte der Kies nicht auf einem Bananendampfer verschifft werden?

13. Welche Art der Verladung wird gewählt, um Stauverlust im Schiff zu vermeiden?

14. Wann bekommt man bei der Verladung keine reinen Konnossemente?

15. Was ist der Nachteil der An-Deck-Versicherung?

4 E Modellantworten

1. Er muß die Genehmigungen für Lademaßüberschreitungen einholen.
2. Das Gewicht der Lieferung – 700 Tonnen – ist zu hoch.
3. Sie ist wesentlich teurer als die bahnmäßige Verpackung.
4. Sie mußten während der Energiekrise Treibstoff sparen.
5. Die Markierungsvorschriften.
6. An der deutsch-schweizerischen Grenze.
7. Nein, nach ihrem Gewicht.
8. Es muß mit dem schweizerischen Zoll eine Tarifnummer vereinbart werden.
9. Die Firma gehört nicht dem schweizerischen Spediteurverband an und ist nicht an dessen Tarife gebunden.
10. Es fährt von Würzburg den Main hinunter bis Mainz und dann rheinauf-wärts bis Basel.
11. Die amerikanische Konkurrenz war sehr stark.
12. Das Bundesernährungsministerium hatte dagegen Einspruch erhoben.
13. Eine Verladung der Säcke auf Paletten.
14. Wenn Mängel an der Ware und der Verpackung festgestellt werden.
15. Sie ist 50 % teurer als die normale Transportversicherung.

4 F Audio-Test (Tonband und Buch)

HÖREN Sie sich die Satzanfänge an, die Ihre Tonbandlehrer vorlesen, und kreuzen Sie auf diesem Testbogen jeweils diejenigen Schlußfassungen der Sätze an, die den Dialoginformationen entsprechen. Auf dem Tonband folgt dieser Audio-Test den Modellantworten 4 E. Den Schlüssel zu diesem Test finden Sie unter 4 G.

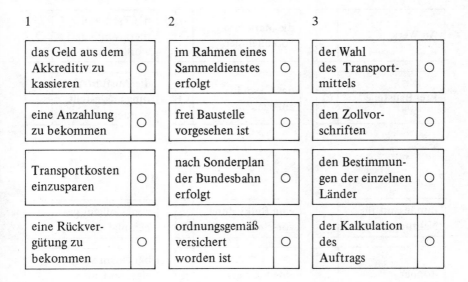

1		2		3	
das Geld aus dem Akkreditiv zu kassieren	○	im Rahmen eines Sammeldienstes erfolgt	○	der Wahl des Transportmittels	○
eine Anzahlung zu bekommen	○	frei Baustelle vorgesehen ist	○	den Zollvorschriften	○
Transportkosten einzusparen	○	nach Sonderplan der Bundesbahn erfolgt	○	den Bestimmungen der einzelnen Länder	○
eine Rückvergütung zu bekommen	○	ordnungsgemäß versichert worden ist	○	der Kalkulation des Auftrags	○

4		5		6	
F. O. B. Mainhafen	O	der Preis einzutragen	O	alle Teile auf der Baustelle eingetroffen sind	O
Frei Grenze	O	der Ursprung zu erklären	O	die Sendung an der Grenze eintrifft	O
Ab Werk	O	die Markierung vorzunehmen	O	die Tarifnummern vereinbart worden sind	O
Frei Baustelle	O	das Gewicht anzugeben	O	die Ausfuhrerklärung ausgestellt worden ist	O

7		8		9	
Bundesamt für Nahrungsmittel	O	eine Bulkladung vorsehen	O	vom Zollamt genehmigt werden	O
Bonner Ernährungsbund	O	einen Revers zeichnen	O	bei einem staatseigenen Unternehmen abgeschlossen werden	O
Bundesernährungsministerium	O	mit dem Konferenzsekretär sprechen	O	von der Reederei überwacht werden	O
Ernährungsminister von Ecuador	O	keinen normalen Liniendampfer benutzen	O	für An-Deck-Verladung vorgesehen werden	O

4 G Schlüssel zum Audio-Test

1. Wenn Euro-Engineering ohne eigenes Verschulden nicht im deutschen Hafen verladen kann, bietet die Vorlage einer Empfangsbescheinigung des Lagerhauses die Möglichkeit, ... (das Geld aus dem Akkreditiv zu kassieren).

2. Der Fahrplan wird dann von der Bundesbahn und den Staatsbahnen der Transitländer überwacht, wenn der Transport ... (nach Sonderplan der Bundesbahn erfolgt).

3. Die Art der Verpackung hängt vor allem ab von ... (der Wahl des Transportmittels).

4. Wie erfolgt die Lieferung für den Auftrag HELVETIA? ... (Frei Baustelle).

5. In den Kollilisten ist für jede Position ... (das Gewicht anzugeben).

6. Die endgültige Verzollung im Fall des Auftrags HELVETIA erfolgt, wenn ... (alle Teile auf der Baustelle eingetroffen sind).

7. Der Einspruch gegen die Kiesverschiffung mit einem Bananendampfer wurde erhoben vom ... (Bundesernährungsministerium).

8. Um den größtmöglichen Rabatt zu bekommen, will Herr Ruppert ... (mit dem Konferenzsekretär sprechen).

9. Nach einer neuen Bestimmung der Behörden in Ecuador muß die Transportversicherung ... (bei einem staatseigenen Unternehmen abgeschlossen werden).

4 H Zusammenfassung (Tonband)

HÖREN Sie sich die folgende Zusammenfassung der Dialoge 1 A, 2 A, 3 A an, und machen Sie sich dabei kurze Notizen wie bei einer Besprechung oder einem Kurzreferat. Versuchen Sie dann, anhand der Notizen den Inhalt der Zusammenfassung zu rekonstruieren.

SCHREIBEN Sie anschließend den Text nach Diktat vom Tonband, und korrigieren Sie schließlich etwaige Fehler durch Vergleichen mit 4 I.

4 I Zusammenfassung (Text)

Der Vertrag für die Lieferung der Gasreinigungsanlage Erzerum ist in Kraft getreten. Die Anzahlung aus zwei Akkreditiven, eines für die Lieferungen aus Deutschland, das andere für die Lieferungen aus der Türkei, haben wir erhalten. Die Angaben in den Akkreditiven sind nicht in allen Punkten korrekt. Fräulein Albrecht wird beim Kunden reklamieren und die notwendigen Änderungen durch dessen Bank vornehmen lassen. Wir werden dem Kunden detaillierte Vorschläge für den Transport mit der Bahn machen, da dieser gegenüber einer Verschiffung und dem Transport per LKW Kosten und Zeit spart. Fräulein Albrecht nimmt sofort Verbindung mit unserem Spediteur auf, damit er Genehmigungen für Lademaßüberschreitungen einholen kann. Sie wird ferner dem Kunden eine Versicherung der Lieferfrist anbieten und ihn daran erinnern, daß wir seine Entscheidung zur Wahl des Transportmittels und seine Markierungsvorschriften umgehend benötigen.

Die versandtechnische Abwicklung des Auftrags HELVETIA ist geklärt. Der Transport der Reaktoren erfolgt mit Straßentiefladern vom Lieferwerk bis Würzburg und mit Binnenschiff mainabwärts und rheinaufwärts bis Basel. Fräulein Albrecht kümmert sich darum, daß mit dem schweizerischen Zoll eine Tarifnummer vereinbart wird. Die provisorische Verzollung wird an der Grenze aufgrund unserer Einzelrechnungen vorgenommen. Die endgültige Verzollung erfolgt entsprechend der Tarifnummer nach Eintreffen aller Teile auf der Baustelle. Die Zollabfertigung wird durchgeführt in Zusammenarbeit mit unserer Vertretung in Zürich und unserem Zollspediteur in Basel.

Da die Verschiffung der Kiessendung nach Ecuador aufgrund des Einspruchs des Bundesernährungsministeriums nicht mit einem Bananendampfer vorgenommen werden kann, muß der Transport mit einem normalen Liniendampfer erfolgen. Herr Ruppert nimmt mit der Reedereikonferenz Verbindung auf, um durch Zeichnung einer „Special Enquiry" den größtmöglichen Frachtrabatt für diesen aufgrund starker amerikanischer Konkurrenz sehr knapp kalkulierten Auftrag herauszuholen. Dies ist von großer Wichtigkeit, da auch die Verpackung teurer wird, als vorgesehen war. Es gibt in Guayaquil keine Kräne für die Löschung von losem Schüttgut, das heißt der Kies muß in Säcke verpackt werden. Um Stauverluste zu vermeiden, werden für die Ladung jeweils zwei übereinandergelegte Paletten verwendet. Die normale Transportversicherung ist bei einem staatseigenen Unternehmen in Ecuador abzuschließen.

LESEN Sie diese Texte. Schlagen Sie unbekannte Wörter möglichst in einem einsprachigen Lexikon nach.

Die Bundesbahn —
Ihr Partner
in allen Transportfragen

Gleichgültig, ob Sie einen Großtransformator von einigen hundert Tonnen Gewicht oder Rohre von mehreren hundert Metern Länge, ob Sie flüssigen Stahl oder flüssige Luft zu transportieren haben: Die Bundesbahn hilft Ihnen! Der Schienenweg endet nicht in Flensburg und nicht in Passau. Europas Eisenbahnnetz ist über 200 000 Kilometer lang. Es reicht von Portugal bis in die Sowjetunion und vom Polarkreis bis zum Bosporus. Selbst dort, wo die Schienenwege nicht die gleiche Breite haben, gibt es dank der Technik keine Grenzen für den Eisenbahnverkehr.

In dieser Broschüre kann nur ein Teil der vielfältigen Möglichkeiten der DB vorgestellt werden. Weiteres Informationsmaterial, zum Beispiel über Behälter- und Containerverkehr, über Gleisanschlüsse, über Obst- und Gemüsetransporte oder Trans-Europ-Expreß-Güterzüge (TEEM) steht zur Verfügung. Der DB-Kundenbrief berichtet regelmäßig über aktuelle Fragen aus dem Güterverkehrsbereich der Bundesbahn, über alle wissenswerten Neuerungen im Leistungsangebot der Bahn, über Tariffragen oder Möglichkeiten zur Rationalisierung im Transportwesen.

Qualifizierte Fachleute beraten Sie gern, auch über Verlade- und Verpackungsfragen, um auch Ihre besonderen Transportprobleme zu lösen. Bitte sprechen Sie darüber mit Ihrer Güterabfertigung oder mit der Generalvertretung der zuständigen Bundesbahndirektion. Tarifauskünfte erteilt auch die Zentrale Auskunftei der Deutschen Bundesbahn in Frankfurt (Main), Karlstraße 4—6. Telefon 23 46 54, Telex 412 075. Ein Anruf genügt.

Speditionskaufmann

34 J., verh., NRW, **sucht im Ruhrgebiet zum 1.4.1974 Tätigkeit als Speditionskaufmann in Industrie oder Handel.** Lehre als Großhandels-Kaufmann, anschließend 6jährige Tätigkeit als Expedient und stellvertretender Versandleiter. Kenntnisse und Erfahrungen im Auslandversand und der Zollabfertigung sowie im Binnen-, Internationalen-, Nah- und Fernverkehr — Schiene, Straße, Wasser und Luft.

Arbeitsamt-Dienststelle, 464 Wattenscheid.   A 2/211

Fähigkeit und Wille

zur leitenden und verantwortlichen Mitarbeit in einem vorwärtsstrebenden Unternehmen **als Mitglied der Geschäftsleitung in einem Speditionsbetrieb oder als Chef des Ressorts Verkehr/Verfrachtung in Industrie/ Handel bietet erfahrener Speditions- /Schiffahrtsfachmann.**

Ein in namhaften Firmen gewachsener Praktiker mit reichem Erfahrungsschatz, der, offen für die Notwendigkeiten des Berufsalltags, unter eigenem Dauerauftrag, ständig seine Fähigkeiten und Kenntnisse weiterentwickelt und den Erfordernissen anpaßt. Langjährige Erfahrungen in innerdeutschen sowie Export- und Importverladungen über Schiene, Straße und Wasserstraßen. Tarifkenntnisse, speziell für Bahn- und Schiffstransporte. Kenntnisse in der englischen und französischen Sprache. Vertraut mit Akquisitionsaufgaben und Transportberatung. Häufig eingesetzt für die Bearbeitung von Fachfragen in größerem Zusammenhang und für Sonderaufgaben, abseits von der Alltagsroutine. Erfahrungen in Firmengründung, -aufbau u. in Geschäftsführungsaufgaben, im Personalwesen sowie im Einkauf und Verkauf.

Landesstelle f. Arbeitsvermittlung, 4 Düsseldorf 1.   LC 2/100

Betr.: Exportversand

Philipp Holzmann ist als führendes Industrieunternehmen weltweit im Hoch- und Tiefbau tätig. Für unsere Versand-Abteilung suchen wir zum baldigen Eintrittstermin einen

jüngeren Speditions- kaufmann

dem die selbständige Versandabwicklung (See-, Land-, Lufttransport) von Exportlieferungen für unsere Baustellen im außereuropäischen Ausland übertragen werden soll. Eine Ausbildung als Speditionskaufmann bzw. einschlägige Berufspraxis ist erforderlich.

Grundkenntnisse in englischer Sprache wären von Vorteil.

Es ist für uns selbstverständlich, gute Arbeit entsprechend zu honorieren und unsere Sozialleistungen sind so, wie man es von einem Großunternehmen erwartet. Im Rahmen der gleitenden Arbeitszeit können Sie Arbeitsbeginn und -ende zwischen 7.00 und 9.00 Uhr bzw. 15.30 und 17.00 Uhr selbst festlegen.

Über Ihre Bewerbung würden wir uns freuen. Bitte rufen Sie uns an (0611 / 26 06 296) oder senden Sie Ihre Unterlagen an unsere Personalabteilung, 6 Frankfurt a. M. 2, Postfach 119 089, Taunusstraße 8.

PHILIPP HOLZMANN
Aktiengesellschaft

Versandsachbearbeiter

Aufgabengebiet: Verhandlungen mit In- und Auslandskunden über Verpackungs-, Markierungs- und Versandvorschriften. Abwicklung des versandbezogenen Schriftverkehrs mit Kunden und Lieferanten. Verhandlungen mit Spediteuren, Reedereien und Fluggesellschaften. Versanddispositionen in Abstimmung mit unseren technischen Abteilungen, Montageabteilungen und Kunden. Bewertung und Fakturierung von Anlageausrüstungen. Erstellen von Versandpapieren einschließlich Bearbeitung von Akkreditiven.

Qualifikation: Abgeschlossene Lehre als Industriekaufmann und/oder Speditionskaufmann sowie möglichst mehrjährige Erfahrung auf den obengenannten Gebieten. Selbständigkeit und Eigeninitiative sind erwünscht; Sprachkenntnisse wären von Vorteil.

Dotierung: Leistungsgerechte Bezüge und gute Sozialleistungen.

Weitere Vorteile: Gleitende Arbeitszeit, Sprachlabor.

Erbitten Ihre schriftliche Bewerbung mit Angabe Ihrer Gehaltsvorstellung unter Kennzeichen LT-E.

Speditionskaufmann

38 J., verh., Rhein-Bergischer Kreis, **sucht verantwortliche Führungsposition als Speditionskaufmann oder Versandleiter im Raume Köln—Düsseldorf—Bonn.** Seit 1961 als Filial- bzw. Versandleiter im In- und Ausland tätig. Gute englische und spanische Sprach- und Schriftkenntnisse. Erfahrung in der Personalführung (zeitweise bis zu 250 Mitarbeiter unterstellt). Organisation und Rationalisierung von Lager-, Versand- und Fuhrparkanlagen.
Landesstelle f. Arbeitsvermittlung, 4 Düsseldorf 1. LC 2/212

Speditionskaufmann/Versandleiter

38 J., verh., Schwabe, **sucht leitende Stellung in transportintensivem Unternehmen der Mineralölbranche, des Handels oder der Industrie im Raum Stuttgart—Ulm—Aalen—Reutlingen—Schwenningen.** Erfahrung im Speditionswesen, Lager- und Versandwesen, Einkauf, Verkauf, Kundenbetreuung, in der Verwaltung sowie im Personalbereich.
Landesstelle f. Arbeitsvermittlung, 7 Stuttgart 1. LD 2/217

ERÖFFNUNG VON IMPORT- AKKREDITIVEN

Das Import-Akkreditiv nimmt als Finanzierungsinstrument des Importhandels einen wichtigen Platz ein. Da es fast ausnahmslos internationale Bedeutung hat, gelten in diesem Akkreditivverkehr nahezu ausschließlich die „Einheitlichen Richtlinien und Gebräuche für Dokumenten-Akkreditive – Revision 1962", nach denen sich in fast achtzig Ländern die mit der Durchführung des Akkreditivs befaßten Banken richten.

Nach diesen Richtlinien hat der Importeur seine Weisungen im Akkreditivauftrag „vollständig und genau" zu fassen. Technische Ausdrücke oder überflüssige Details sind zu vermeiden, damit Irrtümern und Mißverständnissen vorgebeugt wird. Weisungen, die beispielsweise Warenbeschreibungen mit zahlreichen technischen Einzelheiten enthalten, komplizieren die Abwicklung des Akkreditivs unnötig, denn das im Akkreditiv enthaltene Zahlungsversprechen der Bank gegenüber dem Begünstigten steht in keiner direkten Beziehung zu dem Warengeschäft zwischen Käufer und Verkäufer. Die Banken haben damit nichts zu tun.

Begünstigter
Ist Name und Anschrift des Begünstigten im Akkreditivauftrag genau angegeben?
Unvollständige Firmenangaben verzögern die Eröffnung des Akkreditivs. Das Risiko hierfür trägt der Importeur als Akkreditiv-Auftraggeber.

Warenart, -menge und -beschreibung
Bedenken Sie, daß die Banken nicht prüfen und auch nicht prüfen können, ob die Versandware die im Akkreditiv geforderte Art und Qualität hat. Eine noch so detaillierte Warenangabe schafft keine absolute Sicherheit, daß auch die richtige Ware in vereinbarter Qualität versandt wird. Überflüssige Einzelheiten führen vielmehr leicht zu Mißverständnissen und Verzögerungen, denn die mit der Akkreditivabwicklung befaßten Banken sind gar nicht in der Lage, Art, Menge und Qualität aufgrund der Dokumente zu prüfen. Zusätze, wie „etwa" und „circa", werden dahin ausgelegt, daß eine Abweichung statthaft ist bis zu 10 % nach oben oder bis zu 10 % nach unten von der Warenmenge. Wird im Akkreditiv nicht festgelegt, daß die angegebene Warenmenge nicht über- oder unterschritten werden darf, ist eine Abweichung bis zu 3 % nach oben oder bis zu 3 % nach unten gestattet, sofern hierdurch der Akkreditivbetrag nicht überschritten wird. Diese Abweichung ist jedoch nicht zulässig, wenn im Akkreditiv die Menge in Verpackungseinheiten, Behältern oder Stückzahlen bezeichnet wird.

Akkreditivbetrag
Wie soll der Akkreditivbetrag angegeben werden?
Geben Sie bitte in Ihrem Auftrag an, ob der Akkreditivbetrag als Circabetrag zu verstehen ist. Dann darf die Akkreditivsumme bis zu 10 % nach oben oder unten variieren. Ohne einen Zusatz, wie „etwa" oder „circa", ist die Bank verpflichtet, keine Überschreitung des Akkreditivbetrages zuzulassen. In welcher Währung

soll die Forderung fakturiert werden? Fakturiert wird je nach der Vereinbarung im Kaufvertrag in der Währung des Exportlandes, der des Importlandes oder auch in einer Drittwährung.

Dokumentation
Haben Sie genau angegeben, gegen welche Dokumente das Akkreditiv benutzbar sein soll?

Je nach Art der Dokumente hat der Importeur eine mehr oder minder große Sicherheit, aus dem Akkreditiv Zahlung für eine Warensendung zu leisten, die seinen Vorstellungen entspricht.

Transportdokument
Handelt es sich um ein Überseegeschäft?

Hier muß der Importeur unter den verschiedenen Konnossementsarten eine klare Wahl treffen: ein voller Satz reiner An-Bord-Konnossemente, die von Spediteuren oder unter einer Charterpartie ausgestellt sind, Segelschiffkonnossemente und solche, die eine Verladung an Deck ausweisen, werden zurückgewiesen, sofern das Akkreditiv keine ausdrückliche Ermächtigung zur Aufnahme solcher Dokumente enthält.

Bei anderen als See-Transporten: Duplikatfrachtbrief, Posteinlieferungsschein, Postversand-Bescheinigung, Luftposteinlieferungsschein, Luftfrachtbrief, Lufttransportbrief oder entsprechende Empfangsbestätigung, Frachtbrief von Kraftverkehrsunternehmen oder andere Dokumente ähnlicher Art.

Üblicherweise soll Ihre Adresse oder die Adresse Ihres Spediteurs in der Bundesrepublik angegeben sein. Wenn Sie selbst die Ware im Ausland abholen und die Auszahlung des Akkreditivbetrages von einer entsprechenden, von Ihnen ausgestellten Empfangsbescheinigung abhängig machen wollen, sollten Sie uns Ihre Unterschriftsproben für die ausländische Bank bei Auftragserteilung einreichen.

Versicherung
Haben Sie die von der Transportversicherung zu deckenden Risiken im einzelnen angegeben?

Wenn Sie mit dem Verkäufer eine Lieferungsbedingung, wie „CIF (Bestimmungshafen)", vereinbart haben, müssen Sie im Akkreditivauftrag eine Versicherungspolice oder ein Versicherungszertifikat vorschreiben als Nachweis dafür, daß die Ware bis zum Bestimmungshafen versichert ist. Bitte, zählen Sie die Risiken auf, die die für den einzelnen Warentransport typischen Gefahren berücksichtigen. Eine Klausel „Alle Risiken" ist nicht immer ausreichend.

Auch bei Vereinbarung der Lieferungsbedingung „FOB (ausländischer Hafen)" können Sie mit dem Ablader absprechen, daß er die Versicherung bis zum Bestimmungshafen veranlaßt. In diesem Fall ist es notwendig, im Akkreditivauftrag den Weg anzugeben, den die Ware vom Abladerhafen an nehmen soll (beispielsweise bei „FOB vessel New York": versichert bis . . .). Es ist ferner anzugeben, wie die Kosten für den Abschluß der Versicherung bezahlt werden sollen.

Ist vorgesehen, daß diese Kosten zusätzlich zum Rechnungsbetrag dem Exporteur aus dem Akkreditiv erstattet werden sollen, so ist dies im Akkreditivauftrag besonders zu vermerken. Im anderen Fall schafft die Weisung, daß die Versicherungskosten außerhalb des Akkreditivs zu bezahlen sind, in dieser Hinsicht Klarheit.

Ursprungszeugnis

Ist die Vorlage eines Ursprungszeugnisses vorgeschrieben?

Zur Kontrolle der Warenherkunft ist ein Ursprungszeugnis erforderlich, wenn die Ware in der Einfuhrliste mit einem „U" gekennzeichnet ist und der in der Einfuhrerklärung angegebene Warenwert 1 000 DM nicht übersteigt. Das Ursprungszeugnis muß von einer berechtigten Stelle des Ursprungslandes ausgestellt sein.

Exportlizenz

Durch die Vorlage der Exportlizenz wird sichergestellt, daß die Ware das fremde Land ohne weiteres verlassen kann.

Negativerklärung

In der Negativerklärung bestätigt der Ablader der betreffenden Ware, daß eine Exportlizenz nicht erforderlich ist.

Lieferungsbedingungen

Wie sind die Lieferungsbedingungen zu formulieren, und wie ist die Gültigkeitsdauer festzusetzen?

Um eine unterschiedliche Auslegung der Lieferungsklausel auszuschalten, sollten diese zweckmäßig unter Zugrundelegung der INCOTERMS vereinbart werden. Diese sind eine Zusammenstellung der internationalen Regeln für die Auslegung der handelsüblichen Verladebedingungen. Die Lieferungsklausel muß auf das verlangte Versanddokument abgestimmt sein. Das bedeutet, daß eine Verladebestimmung „CIF Köln" bei Postversand (ausgenommen Luftpostversand) falsch ist, da es hier heißen müßte „frei Köln".

Gültigkeitsdauer

Alle unwiderruflichen Akkreditive müssen ein Verfalldatum enthalten. Die Gültigkeit des Akkreditivs soll immer über den letzten Verschiffungs-(Liefer-)Termin hinausgehen, damit dem Ablader genügend Zeit zur Verfügung steht, die für die Inanspruchnahme des Akkreditivs vorbereiteten Dokumente bei seiner Bank vorzulegen. Wichtig ist auch die Angabe des Ortes, an dem das Akkreditiv zur Zahlung, Negoziierung oder Akzeptierung gültig sein soll. Das Akkreditiv kann sowohl bei der Bank des Akkreditivstellers (Käufers) als auch bei der Bank des Begünstigten (Verkäufers) benutzbar sein.

Teilverschiffungen

Sind Teilverschiffungen gestattet?

Wenn Sie im Akkreditivauftrag nichts Gegenteiliges vorschreiben, kann der Ablader grundsätzlich Teilverschiffungen vornehmen. Falls Sie eine ungeteilte Lieferung wünschen, müssen Sie in Ihrem Auftrag ausdrücklich angeben, daß Teillieferungen nicht erlaubt sind. Die Teilverladung darf nicht verboten werden, wenn bei einem übertragbaren Akkreditiv die Übertragung in Teilbeträgen zulässig ist.

Bestätigung
Soll das Akkreditiv dem Begünstigten (Verkäufer) durch eine Auslandsbank lediglich angezeigt oder bestätigt werden?
Das Akkreditiv kann dem Begünstigten durch seine Bank mit oder ohne deren Bestätigung angezeigt werden. Ohne ausdrückliche Weisung wird die ausländische Bank lediglich beauftragt, dem Begünstigten das Akkreditiv ohne Übernahme eines eigenen Obligos mitzuteilen (zu avisieren). Bei einem bestätigten Akkreditiv haftet dem Begünstigten neben der Bank des Auftraggebers auch die Bank im Lande des Begünstigten. Für die Bestätigung berechnet die ausländische Bank eine Gebühr, die üblicherweise der deutsche Importeur trägt. Soll sie ausnahmsweise der ausländische Begünstigte (weil besonders vereinbart) tragen, bitten wir, dies im Akkreditivauftrag ausdrücklich zu vermerken. Das Akkreditiv kann aber auch unmittelbar (ohne Einschaltung einer Bank im Ausland) von Ihrer Bank dem ausländischen Begünstigten avisiert werden. In diesem Fall ist das Akkreditiv bei Ihrer Bank zahlbar.

Änderungen
Wird die nachträgliche Änderung eines unwiderruflichen Akkreditivs erforderlich, bitten wir zu beachten, daß dies nur mit Zustimmung aller Akkreditivbeteiligten möglich ist.

Aus einer Werbeschrift der Firma DANZAS.